C·H·Beck
PAPERBACK

«Sie kamen zu einer Insel, die nördlich des Landes lag und gingen dort hinauf und sahen sich bei gutem Wetter um. Sie fanden Tau auf dem Gras und berührten als Erstes mit den Händen den Tau und führten ihn zum Mund und dachten, noch nie etwas Süßeres gekostet zu haben.» So wird in der *Grænlendinga Saga* die Ankunft der Wikinger in Amerika beschrieben. Rudolf Simek erzählt in dem vorliegenden Buch die Geschichte dieser Entdeckungsreise und schildert, wie deren archäologische Spuren im 20. Jahrhundert wiederentdeckt wurden.

Was trieb die Wikinger rund 400 Jahre, bevor Christoph Kolumbus in die Neue Welt aufbrach, zu ihrer gefährlichen Reise durch das Nordmeer? Abenteuerlust, Mangel an wichtigen Rohstoffen und Nahrungsquellen? Woher stammten diese Entdecker überhaupt, die wir recht unpräzise mit dem Begriff «Wikinger» bezeichnen, und welche Quellen erzählen ihre Geschichte(n)? Dies sind einige der Fragen, denen der international renommierte Wikinger-Forscher Rudolf Simek nachgeht. Darüber hinaus erklärt er, wie die Schiffe der Wikinger beschaffen waren, schildert das nautische Wissen und die Weltvorstellungen der nordischen Seefahrer und erzählt, wie 1961 das norwegische Ehepaar Helge und Anne Stine Ingstad bei L'Anse aux Meadows an der Küste von Neufundland auf die archäologischen Reste der Wikinger-Expedition stieß. Ein unterhaltsames Kapitel über die Wikinger – über die man in den USA so lebhaft phantasierte, dass man dort regelrechte «Viking Hoaxes» schuf – beschließt den Band.

Rudolf Simek lehrt als Professor für Ältere Germanistik unter Einschluss des Nordischen an der Rheinischen Friedrich-Wilhelms-Universität Bonn. Im Verlag C.H.Beck sind von ihm lieferbar: *Mittelerde. Tolkien und die germanische Mythologie* (2005); *Die Edda* (2007); *Götter und Kulte der Germanen* (⁴2016); *Die Wikinger* (⁶2016).

Rudolf Simek

Vinland!

Wie die Wikinger Amerika entdeckten

Verlag C.H.Beck

Mit 22 Abbildungen und Karten

Originalausgabe

Satz: Druckerei C.H.Beck, Nördlingen
Druck und Bindung: GGP Media, Pößneck
Umschlaggestaltung: Geviert, Grafik & Typografie, Michaela Kneißl
Umschlagabbildungen: Holzgeschnitzter Tierkopfpfosten aus dem
Schiffsgrab von Oseberg (Norwegen), 9. Jh. n. Chr.;
Wikingerschiff: beides © akg-images; Meer: © shutterstock
Autorenphoto: © Werner Karrasch
Printed in Germany
ISBN 978 3 406 69720 3

www.chbeck.de

Inhalt

1. Einleitung

«Die Wikinger entdeckten Amerika» war eine neue wissenschaftliche Erkenntnis, die in meiner Kindheit wie ein Lauffeuer um die Welt ging und mit dazu beitrug, diesem frühmittelalterlichen Seefahrervolk zu einer bis heute anhaltenden Popularität zu verhelfen. Diese Beliebtheit, die auf vielen Faktoren, vor allem den wunderbar schnellen Schiffen der Wikinger beruht, ist bis heute ungebrochen, wie eine stetig ansteigende Flut von Publikationen, Ausstellungen, filmischen Dokumentationen und künstlerischen Interpretationen belegt.

Dabei ist der Satz «Die Wikinger entdeckten Amerika» gleich von mehreren Seiten her kritisch zu hinterfragen. Erstens werden natürlich alle außereuropäischen «Entdeckungen» immer von einem eurozentristischen Blickwinkel her gesehen, der stillschweigend davon ausgeht, dass die Bewohner der entdeckten Gebiete bis zu ihrer Entdeckung historisch völlig irrelevant waren und selbst keinerlei Kenntnisse über die Außenwelt besaßen, sondern erst von den Europäern für die Geschichte entdeckt und ihr Land der Welt eröffnet werden musste. Dabei verfügten in diesem Fall die Entdecker selbst nur über eine begrenzte Wahrnehmung der Welt, wie der abwertende Begriff *Skrælingar* zeigt, den die skandinavischen Seefahrer unterschiedslos sowohl für die grönländischen Inuit als auch für die amerikanischen Indianer verwendeten.

Zum Zweiten weckt der Begriff Amerika in diesem Satz Erwartungen, die mit den wissenschaftlichen Erkenntnissen keineswegs in Deckung gebracht werden können: Zwar wissen wir aus mittelalterlichen Erzählungen, sogenannten Sagas, dass Seefahrer von Grönland aus um das Jahr 1000 herum tatsächlich neues Land im Westen entdeckten und erkundeten – das legendäre Vinland. Doch die in den 1960er Jahren durch das Ehepaar Ingstad erbrachten archäologischen Beweise für diese Fahrten beschränken sich – bis heute* – auf eine

* siehe Anmerkungen S. 145

einzige Siedlung an der Nordspitze der der Ostküste Kanadas vorgelagerten Insel Neufundland. Dieser Fundort liegt in Luftlinie gemessen etwa 2000 km nordnordöstlich von New York und entspricht damit genauso wenig den europäischen oder gar den amerikanischen Erwartungen von einer Entdeckung «Amerikas» wie die Landung des Christoph Kolumbus auf der Insel San Salvador in der Karibik fünf Jahrhunderte später. Dementsprechend sind seither, besonders in den USA, die Spekulationen über weiterreichende Fahrten der wikingerzeitlichen Skandinavier bis tief in den Süden oder auch den Mittelwesten der Vereinigten Staaten nicht abgerissen. Wissenschaftliche Beweise dafür wurden bisher keine gefunden.

Zum Dritten ist zudem der Begriff «Wikinger» im eingangs erwähnten Satz zu hinterfragen. Der Erstentdecker Vinlands war wohl der aus Norwegen stammende und teilweise in Island lebende Bjarni Herjolfsson. Doch während dieser die Küsten der Neuen Welt nur zufällig und von Weitem sah, weiß die Überlieferung zu berichten, dass es Leif Eiriksson mit seinen Begleitern war, allesamt Söhne und Töchter grönländischer Kolonisten, die ihrerseits von Isländern oder Norwegern abstammten, deren Schiffe den amerikanischen Kontinent erreichten. Weitere Expeditionen wurden vorwiegend von grönländischen Bauern durchgeführt. Als «Wikinger» werden jedoch korrekterweise nur die frühmittelalterlichen skandinavischen Piraten bezeichnet, die Europa im 9. und 10. Jahrhundert unsicher machten. Erst in der jüngsten Vergangenheit hat es sich eingebürgert, alle Skandinavier dieser Periode als Wikinger zu bezeichnen, und nur so ist der Begriff im Untertitel zu verstehen.

Trotz dieser Einschränkungen wird heute die enorme Leistung der skandinavischen Seefahrer, die vor einem guten Jahrtausend und 500 Jahre vor Kolumbus die Küsten des amerikanischen Kontinents in offenen Schiffen und ohne moderne Navigationshilfen erreichten, mit Recht bewundert – auch wenn man sich von so romantischen Vorstellungen befreien muss, dass diese Fahrten direkt von Norwegen aus und aus reiner Entdeckerfreude heraus geschehen seien. Es waren vielmehr die beschränkten Ressourcen der kleinen skandinavischen Kolonie in Grönland, die es ökonomisch notwendig machten, weiter südwestlich nach zusätzlichen Rohstoffquellen zu suchen. Vor allem die für den Schiffbau schmerzlich fühlbare Holzarmut in Island und Grönland, der Mangel an vitaminreichen Früchten sowie die Suche nach in Grönland äußerst knappen Sommerweiden für das Vieh dürften entscheidende Beweggründe gebildet haben.

Aber woher wissen wir überhaupt von den Fahrten der in Island und Grönland siedelnden Skandinavier in die Neue Welt? Zwar wird das sagenhafte Vinland noch in vielen mittelalterlichen Texten kurz erwähnt, und die frühneuzeitlichen Karten zeigen seine ungefähre Lage im äußersten Westen der damals bekannten Welt, aber nur zwei isländische Sagas aus dem 13. Jahrhundert berichten uns von den Details der Expeditionen. Da diese kurz nach dem Jahr 1000 stattfanden, vergingen also etwa 250 Jahre bis zur Niederschrift der Ereignisse in altisländischen Prosatexten, und diese beiden Sagas weichen noch dazu nicht unbeträchtlich voneinander ab: Sie unterscheiden sich nicht nur im Namen des Erstentdeckers der Neuen Welt, sondern auch in der Zahl der Expeditionen und in den dabei eine Rolle spielenden Personen. Allerdings ist das bei dem beträchtlichen zeitlichen Abstand auch nicht weiter überraschend, denn selbst wenn sich etliche isländische Gelehrte und Kirchenmänner des 13. Jahrhunderts von der Familie der Gudrid, einer der wichtigsten Protagonistinnen der Erzählungen, herleiten, so liegt es nahe, dass auch in den Familientraditionen die Ereignisse etwas abweichend überliefert wurden. Es kann also bei der Betrachtung dieser historischen Erzählungen nicht darum gehen, herauszufinden, welche der beiden Versionen die richtige ist. Es soll vielmehr darum gehen, zu betrachten, warum sich die Sagas so voneinander unterscheiden und ob sich vielleicht ein gemeinsamer Kern von Fakten aus beiden Romanen herausschälen lässt. Man muss auch versuchen, ein wenig zwischen den Zeilen zu lesen, um herauszufinden, was man im Island des 13. Jahrhunderts noch von den Seefahrten, aber auch dem mühseligen Leben der Siedler in Grönland in den alten Geschichten bewahrt hatte.

Doch selbst wenn diese ökonomischen Zwänge und eine ganze Reihe von Zufällen eine größere Rolle bei der skandinavischen Entdeckung Amerikas gespielt haben mögen als die heroische Abenteuerlust, so haben diese frühmittelalterlichen Reisen bis heute nichts an Faszination eingebüßt. Die Entdeckungs- und Kolonisationsfahrten zum sagenhaften Vinland verdienen es daher, auf der Grundlage aller heute verfügbaren literarischen und archäologischen Quellen eingehender vorgestellt zu werden, zumal die «Wikinger», das zeigt die Menge der aktuellen Publikationen und Ausstellungen, die Phantasie und das Interesse an der Geschichte der skandinavischen Entdecker immer aufs Neue anregen.

R. Simek, zu Ostern 2016

2. Vinland wiederentdeckt

«[Sie] kamen zu einer Insel, die nördlich des Lands lag und gingen dort hinauf und sahen sich bei gutem Wetter um. Sie fanden da Tau auf dem Gras und berührten da als Erstes mit den Händen den Tau und führten sie zum Mund und dachten, noch nie etwas Süßeres gekostet zu haben.

Sodann gingen sie zu ihrem Schiff und segelten in den Sund hinein, der sich zwischen der Insel und der Landzunge erstreckte, die im Norden vom Land kam, und steuerten westlich des Kaps vorbei. Dort war es bei Ebbe sehr seicht, und ihr Schiff lag da auf, und das Meer war nur weit vom Schiff entfernt zu sehen.

Sie waren aber so neugierig darauf, an Land zu kommen, dass sie nicht warten wollten, bis die Flut wieder das Schiff hob, sondern rannten zum Land, dort wo ein Fluss aus einem See floss. Aber sobald die Flut wieder das Schiff hob, nahmen sie das Beiboot und ruderten zum Schiff und brachten es in die Flussmündung hinein, dann in den See, und dort warfen sie Anker und trugen ihre Fellschlafsäcke vom Schiff und machten sich Hütten. Dann beschlossen sie, diesen Winter da zu verbringen und bauten dort ein großes Haus. Da mangelte es weder im Fluss noch im See an Lachs, und zwar größerer Lachs, als sie je zuvor gesehen hatten.

Das Land da bot so gute Versorgung, dass sie dachten, dass sie kein Winterfutter für das Vieh brauchen würden. Im Winter kam kein Frost, und das Gras verdorrte nur wenig. Da waren Tag und Nacht von ähnlicher Länge als in Grönland oder Island. Am kürzesten Tag des Jahres war da die Sonne schon um 9 Uhr aufgegangen und schien bis nach 3 Uhr.» (*Grænlendinga saga* Kap. 3)[1]

Die *Grænlendinga saga*, eine der beiden erwähnten mittelalterlichen Vinland-Sagas, die in einer Handschrift aus dem 14. Jahrhundert auf uns gekommen ist, weiß von Bjarni Herjolfsson zu berichten, dass dieser das neue Land gesehen, aber nicht betreten habe (um 985); diese Ehre gesteht die Erzählung erst Leif Eiriksson (geboren um 970 in Island, gestorben um 1020) zu. Die ausführliche Beschreibung der ersten Expedition unter Leif Eiriksson nach Vinland in der *Grænlendinga saga* enthält dabei außerordentlich kleinteilige geographische Beschreibungen. Dass diese detailreichen Schilderungen – auch wenn sie erst gut 200 bis 250 Jahre nach den beschriebenen Ereignissen in Island zu Pergament gebracht wurden – der Schlüssel zur Wiederentdeckung des historischen Vinland sein könnten, hat in den 50er und 60er Jahren des 20. Jahrhunderts das norwegische Forscherehepaar Ingstad angespornt, sich einmal ganz konkret auf die Suche nach den beschriebenen Stellen zu machen. Damit wollten sie archäologisch die bislang nur aus hochmittelalterlichen literarischen Quellen bekannten Reisen der Skandinavier verifizieren, um so den endgültigen Beweis für die Entdeckung Amerikas durch die Wikinger zu erbringen.

Dabei war Helge Ingstad alles andere als ein Forscher im herkömmlichen Sinn. Der 1899 in Mittelnorwegen geborene Sohn eines Ingenieurs studierte in Bergen Jura und arbeitete ab 1922 als Rechtsanwalt, fühlte sich aber wie so viele Norweger vom Leben in der freien Natur angezogen. Er machte schließlich sein Hobby zum Lebensinhalt, verkaufte 1926 seine gutgehende Anwaltspraxis in Levanger in Nord-Trøndelag und verbrachte die nächsten Jahre im Norden Kanadas als Pelzjäger, wobei er tiefe Einblicke in das Leben eines arktischen Indianerstamms bekam. Sein 1932 in Norwegen in hoher Auflage erschienenes Buch mit dem Titel *Pelsjegerliv blandt Nord-Canadas indianere* (auf deutsch schon 1933 als «Pelzjägerleben in Kanada» aufgelegt) machte ihn in Norwegen und darüber hinaus mit einem Schlag berühmt.

Als 1931 fünf (!) Norweger einen großen, wenn auch praktisch unbewohnten Küstenabschnitt in Nordostgrönland für die norwegische Krone annektierten und dieses Gebiet mit dem Namen «Eirik Raudes-Land» belegten (obwohl es weitab der seinerzeitigen Siedlung Eirik des Roten in Südgrönland lag), wurde Helge Ingstad 1932 auf Grund seiner juridischen Ausbildung und seiner arktischen Erfahrungen zum *Sysselmann* (Gouverneur) dieses Landstrichs ernannt. Da Norwegen aber schon im April 1933 kraft eines Urteils des Den Haager Gerichtshofs die Annexion zurücknehmen und diesen Teil Grönlands an Dänemark zurückgeben musste, war es mit diesem Amt schnell wieder vorbei. Als Entschädigung wurde Ingstad zum Gouverneur von Svalbard (= Spitzbergen) ernannt, und zwar von 1933 bis 1935. In dieser Zeit erschien auch sein Buch über die kurze Zeit in Grönland: *Øst for den store bre* («Östlich des großen Gletschers», das Buch ist aber nie auf Deutsch erschienen). Auch über die beiden Jahre auf Spitzbergen schrieb er ein Buch, *Landet med de kalde kyster*, dieses erschien jedoch erst im Jahr 1948 (auf Deutsch wurde der Titel 1952 als «Spitzbergen. Land der kühlen Küste» in Bern gedruckt). Inzwischen hatte sich Ingstads Abenteuerlust gen Süden gewandt – zumindest vorläufig. Er unternahm von 1936 bis 1938 eine Expedition nach Neu-Mexiko zu den Apachen. Während des Krieges und kurz danach, von 1940 bis 1946, arbeitete er für das Rote Kreuz, bevor er als Gouverneur nach Spitzbergen zurückkehrte, hauptsächlich wohl, um sein Buch darüber fertigstellen zu können.

Bei seinem ersten Aufenthalt auf Spitzbergen hatte Ingstad die Archäologiestudentin Anne Stine Moe (1918–1997) kennengelernt, im Jahr 1941 heirateten die beiden. Die Ehe und die Zusammenarbeit mit seiner Frau brachten Ingstad schließlich auf die Fährte, die dem Forscherehepaar endgültigen Ruhm einbringen sollte: die Suche nach dem verschollenen Vinland der wikingerzeitlichen Skandinavier.

Anne Ingstad schloss ihr Studium zwar erst 1960 ab, verfolgte aber schon lange vorher archäologische Interessen, hauptsächlich mit Publikationen über die Steinzeit, bevor sie schließlich begann, sich für die Wikingerzeit zu interessieren. Auf Grund der kanadischen Jahre ihres Mannes lag die Frage nahe, wo das inzwischen vergessene und nur mehr in den altisländischen Sagas und einigen geographischen Texten des mittelalterlichen Skandinavien erwähnte sagenhafte Vinland gelegen haben könnte. Ein Land, von dem die Sagas ausführlich erzählen, wie etwa die *Grænlendinga saga* kurz nach der oben zitierten Stelle:

> «Und als der Frühling kam, bereiteten sie die Abreise vor, und Leif gab dem Land den Namen nach seinen Eigenschaften und nannte es Vinland. Sodann segelten sie aufs Meer hinaus und hatten guten Fahrtwind, bis sie Grönland sahen und die gletscherbedeckten Berge.» (*Grænlendinga saga,* Kap. 4)[2]

So begann die «Jagd nach Vinland» der beiden Ingstads, eines der spannendsten Kapitel der neueren Archäologiegeschichte. Das Ehepaar studierte eingehend die literarischen mittelalterlichen Texte (s. Kap. 7) und die spätmittelalterlichen Karten aus Island, die Vinland weit südwestlich von Grönland verzeichnen (s. Kap. 8). Dabei widersprechen sich die beiden wichtigsten Sagas über die Entdeckungsreisen der Grönländer nach Amerika in etlichen Details, doch die geographischen Begriffe Helluland, Markland und Vinland für Küstenstreifen irgendwo südwestlich von Grönlands Südspitze und der dortigen Wikingerkolonie tauchen in beiden auf.

Deshalb begannen die Ingstads, nachdem sie sich Anfang der 50er Jahre vor allem mit den Resten der mittelalterlichen skandinavischen Kolonie auf Grönland beschäftigt hatten, intensiver nach Vinland zu suchen. Auf mehreren Reisen entlang der kanadischen Ostküste auf kleinen Booten, zu denen sie ihre Tochter im Teenageralter mitnahmen, verglichen die Ingstads die Landschaft mit den Beschreibungen der Sagas, sie befragten Einheimische und suchten nach alten Bauresten. Die Suche dauerte etliche Jahre, in denen Helge Ingstad – manchmal mit, manchmal ohne seine Familie – immer wieder die kanadische Ostküste und die Nordostküste der USA abfuhr.

Dabei benutzte er in erster Linie die Sagas und andere Quellen aus dem Mittelalter zur Orientierung und ignorierte dabei vorerst die Aufzeichnungen eines alten Neufundländers, William Azariah Munn, der schon 1914 wikingische Siedlungen im Norden Neufundlands vermutet hatte. Erst 1960 erfuhr Ingstad bei einem weiteren Besuch auf Neufundland von einem anderen Neufundländer, dem Fischer George Decker aus L'Anse aux Meadows, von überwachsenen Mauerresten in der Epaves Bay an der Nordspitze der Insel unweit seines Fischerdorfes. Als die Ingstads diese Mauerreste untersuchten, vermuteten sie auf Grund der Form der Häuser und des

Anne Stine und Helge Ingstad

Baumaterials aus Grassoden bald, dass es sich hierbei tatsächlich um die Überreste einer skandinavischen Siedlung handeln könnte. In den Jahren von 1961 bis 1969 folgten dann unter der Leitung von Anne Ingstad acht Grabungskampagnen in L'Anse aux Meadows.[3] Am Ende dieser archäologischen Ausgrabungen stand fest: die acht oder neun Gebäude, die man gefunden hatte, stammten tatsächlich von Skandinaviern der Wikingerzeit. Dazu gehörten neben drei größeren Wohngebäuden auch eine Reihe von Nebengebäuden, darunter eine etwas abgelegene, jenseits des Bachlaufs gelegene Schmiede. Dazu kommen vier zur See hin offene Vertiefungen an der Küste nördlich der Siedlung, die als Reste von in die Uferböschung eingetieften Bootsschuppen interpretiert werden.

Damit war der archäologische Beweis für die lange Zeit nur aus den schriftlichen Quellen bekannte frühe «Entdeckung Amerikas durch die Wikinger» erbracht, und diese Erkenntnis war in den 60er Jahren eine Weltsensation. Allerdings ruht die Beweislast, wie so oft in der Archäologie, auf den kleinen Dingen: Neben den für Island und Grönland typischen Hausgrundrissen waren es nur wenige Artefakte, die man als endgültige Beweise anführen konnte: eine kleine Lampe aus Speckstein, wie er nur in Grönland vorkommt, Schlacke von Eisenverarbeitung aus einem kleinen, als Schmiede zur Bootsreparatur gedeuteten Nebengebäude – denn die mit den Algonkin-Indianer verwandten Beothuk- und Thule-Indianer in dieser Gegend lebten um das Jahr 1000 noch in der Steinzeit und kannten die Eisenverarbeitung nicht – und schließlich, als schwerwiegendster Beweis von allen, eine kleine Ringnadel, wie sie aus dem wikingerzeitlichen Norwegen bekannt ist.

Die Ingstads hatten also mit Sicherheit eine wikingische Siedlung in der Neuen Welt entdeckt. Doch die Frage blieb, ob diese Siedlung wirklich in jenem Vinland lag, das in den mittelalterlichen Quellen gerne *Vínland hit goða* «Vinland das Gute» genannt wird? Das ist bis heute eine Forschungsfrage, und diese wird noch näher zu behandeln sein.

Helge und Anne Ingstad hatten mit ihrer Entdeckung Weltruhm erworben. Beide schrieben Bücher über ihre Forschung, die in zahlreiche Sprachen übersetzt und in Millionenauflage gedruckt wurden. Das bekannteste davon wurde Helge Ingstads *Vesterveg til Vinland: oppdagelsen av norrøne boplasser i Nord-Amerika*, das schon 1965 erschien (auf Deutsch 1966 mit dem Titel: «Die erste Entdeckung Amerikas: auf den Spuren der Wikinger»). Helge Ingstad, der 101 Jahre alt werden sollte, bekam in Oslo am 5. April 2001 ein Staatsbegräbnis und erhielt vor wie nach seinem Tod zahlreiche Ehrungen des norwegischen Staats, sogar eine Fregatte der norwegischen Marine trägt seinen Namen. Anne Ingstad schrieb eine 1975 erschienene, sehr persönliche Darstellung der Entdeckungsgeschichte, *Det nye land med de grønne enger* (der Titel wurde nie ins Deutsche übersetzt, erschien aber 1977 auf Englisch als «The discovery of a Norse settlement in America. Excavations at L'Anse aux Meadows, Newfoundland, 1961–1968»). Sie bekam wie ihr Mann mehrere Ehrendoktorate, wurde Mitglied der norwegischen Akademie der Wissenschaften und starb 1997. Die Tochter der beiden, Benedicte, folgte den Fußstapfen ihrer Eltern als Wissenschaftlerin, wurde Professorin für medizinische Anthropologie in Oslo, gab einige Werke ihrer Eltern heraus und verfasste 2010 eine sehr persönliche Biographie der beiden Entdecker der Wikinger in Amerika.

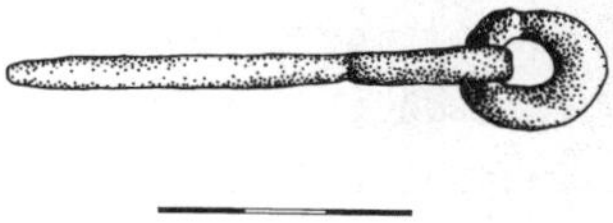

Siedlungsfunde skandinavischen Typs aus L'Anse aux Meadows: Ringnadel (links)

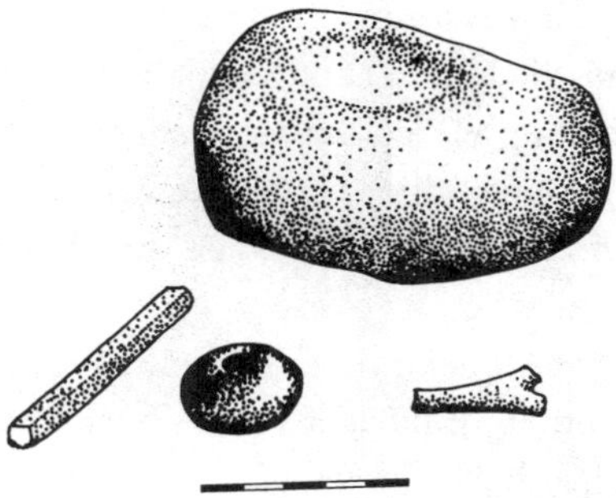

Spinnwirtel, Specksteinlampe, Schleifsteine

Ohne die Arbeit von Anne und Helge Ingstad wäre das öffentliche Bewusstsein von der skandinavischen Frühentdeckung Amerikas nicht so ausgeprägt, wie es heute ist. Für die Skandinavier ist es eine Bestätigung der seefahrerischen Leistungen ihrer Vorfahren, für die Amerikaner – vor allem diejenigen nordeuropäischer Abstammung – ist es ein Hinweis auf den frühen Eintritt ihres Kontinents in den europäischen Horizont. So ist es auch zu verstehen, dass der seit 1954 in sieben amerikanischen Bundesstaaten als offizieller Feiertag anerkannte Leif Erikson Day (9. Oktober) bis heute im amerikanischen Mittelwesten so breiten Zuspruch findet.

Dabei sind die gefundenen Artefakte skandinavischen Typs oder skandinavischer Herkunft trotz ihrer hohen Beweiskraft wenig spektakulär. Von den Hausgrundrissen ließe sich dasselbe sagen, da die Überreste von Grassodenhäusern, wenn sie einmal von der umgebenden Grasnarbe überwachsen sind, nur schwer erkennbar sind und sich höchstens als Umrisse in der heute kargen Graslandschaft Neufundlands abheben. Noch dazu waren die Grassodenhäuser in Neufundland ohne die in Island und Grönland üblichen Steinfundamente errichtet worden, sodass nur die ausgestochenen Rasenziegel zu Wänden aufgeschichtet worden waren, deren Dächer – aus Holz, oft genug wohl nur Treibholz – längst eingestürzt und völlig vergangen sind. Warum man auf die Steinfundamente verzichtet hat, mag verschiedene Gründe gehabt haben: entweder war es zu mühsam und langwierig, Steine in ausreichender Menge zu brechen und aufzubereiten, oder man hatte von vornherein nur eine kürzere Aufenthaltsdauer geplant, sodass die übliche Lebensdauer von Grassodenwänden von zwei bis drei Jahrzehnten völlig ausreichend erschien.

Heute bekommt man einen gewissen, wenn auch durchaus geschönten, Eindruck vom Aussehen der wikingerzeitlichen Siedlung, weil etliche der Häuser rekonstruiert und mit einem Flechtwerkzaun umgeben wurden, der allerdings weder eine archäologische Begründung hat noch der in den Sagas beschriebenen Palisade als Schutz vor den Skrælingar entspricht.

Dazu betreibt Parks Canada ein Besucherzentrum, in welchem nicht nur allgemeine Informationen über die Wikinger, sondern auch die Geschichte der mittelalterlichen Entdeckungsfahrten (und Spekulationen über die Reichweite dieser Fahrten) präsentiert sowie auch die oben dargestellte Geschichte der Wiederentdeckung im 20. Jahrhundert dokumentiert werden.

3. Die Expansion der Wikinger in Europa

«In demselben Jahre brachen an vielen Orten die Heiden über die Christen herein, aber es wurden mehr als 12000 von ihnen durch die Friesen erschlagen. Ein anderer Teil von ihnen suchte Gallien heim, und dort fielen von ihnen mehr als 600 Mann. Trotzdem zahlte Karl ihnen wegen seiner Untätigkeit viele Tausende Pfund an Gold und Silber, damit sie aus Gallien fortgingen, was sie dann auch taten. Dennoch wurden die Klöster sehr vieler Heiligen zerstört, und viele Christen führten sie gefangen fort.» (Xantener Annalen zum Jahr 845)

«Versenke die heidnischen Piraten, die die Reiche der Erde verwüsten, vom Schwerte vernichtet in den Tiefen des Meeres!» (Johannes Scotus Eriugena: *Laudes Yrmindrudis*, zwischen 869 und 877)

Um die Fahrten der Skandinavier in die Neue Welt aber verstehen und würdigen zu können, ist es notwendig, sie in den Kontext der Expansion der frühmittelalterlichen Skandinavier überhaupt zu stellen, also nach den Ursprüngen und dem Verlauf der Wikingerzeit zu fragen. Welche Umstände führten dazu, dass die Bewohner des an der Peripherie Europas gelegenen, dünn besiedelten Skandinavien nicht nur ganz Westeuropa in Angst und Schrecken versetzten, sondern auch Entdeckungsreisen unternahmen, die die Grenzen der bekannten Welt nachhaltig verschieben sollten?

Um diesen doch etwas erstaunlichen Umstand zu verstehen, ist es notwendig, die Expansionsbewegungen der Skandinavier in Europa kurz nachzuzeichnen, bevor man ihre – zeitlich etwas versetzt einsetzende – meist friedlich verlaufende Eroberung des Nordatlantiks betrachtet, als deren letzte Etappe das Ausgreifen auf den amerikanischen Kontinent hin zu verstehen ist. Diese nordatlantische Phase der Wikingerzeit war zwar keineswegs unabhängig von den Eroberungen und Siedlungen skandinavischer Auswanderer in England, Schottland und Irland, aber sie verweist doch auf eine andere Seite der wikingischen Expansion, nämlich den offenbar weit verbreiteten Wunsch nach einem friedlichen, bäuerlichen Leben auch dort, wo dies nur unter schwierigsten Bedingungen verwirklicht werden konnte – doch dies war man aus den heimischen Gefilden gewohnt.

Als Beginn der Wikingerzeit gilt nach Schulbuchwissen das Jahr 793, als die Wikinger – angeblich völlig überraschend – das reiche Inselkloster Lindisfarne auf Holy Island vor der englischen Nordostküste überfielen und plünderten, wie eine Fassung der Angelsächsischen Chronik dem Leser damals wie heute drastisch vor Augen führt:

> «793: In diesem Jahr erschienen schlimme Vorzeichen über Northumbria und versetzten die Menschen in Schrecken. Sie bestanden aus starken Wirbelwinden und Blitzen, und feuerspeiende Drachen sah man durch die Luft fliegen. Diesen Vorzeichen folgte eine große Hungersnot und ein wenig später im selben Jahr, am 8. Juni, verheerten die Überfälle der Heiden Gottes Kirche in Lindisfarne durch Plünderung und Mord.
> 794: In diesem Jahr [eig. 795] starben Papst Adrian und König Offa.» (*Anglo-Saxon Chronicle*, Handschrift D, als Worcester Chronicle bekannt, fertiggestellt 1130)[4]

Hier werden die Wikinger als Teil feindlicher Naturgewalten vorgeführt, vor allem um des abschreckenden Effekts willen, hatten es doch heidnische Seeräuber offenbar erstmals gewagt, ein ungeschütztes Kloster, ja eine nationale Pilgerstätte der Engländer völlig respektlos und ohne Furcht vor göttlicher Rache zu plündern und zu zerstören, Gottesmänner zu töten und liturgisches Gerät zu entweihen!

Ganz so plötzlich, wie die Chronisten der englischen Klöster es darstellen, war die Gefahr aus dem Norden allerdings nicht über England gekommen, auch wenn der Übergriff auf ein Haus Gottes sie wirklich schockiert haben mag. Schon in den Jahren zuvor hatten englische Quellen wiederholt von einzelnen Überfällen oder Scharmützeln berichtet, mit denen offenbar eine Zeit friedlicher Handelsbeziehungen zwischen Skandinavien und dem Rest Europas zu Ende ging.

Der Begriff Wikinger bedeutete im Altnordischen, der Sprache Westskandinaviens im Mittelalter, durchweg «Seeräuber, Pirat», auch wenn die Wortwurzel *vik* «Bucht» ursprünglich darauf verweist, dass es sich hier um die Männer aus den Buchten oder dem buchtenreichen Land handelte, also wohl um Seeräuber aus den Fjorden Norwegens. Die Zeit dieser Wikinger, mit der die Skandinavier mit einem Schlag in ganz Europa berüchtigt wurden, löste eine Periode weitgehend friedlicher Beziehungen ab – das hieß aber nicht, dass neben den zahllosen Wikingerüberfällen an den Küsten und entlang der Flüsse nicht auch weiter gehandelt wurde. Allerdings wissen wir nicht, ob es sich bei den Händlern und den Piraten um unterschiedliche Bevölkerungsgruppen handelte, die sich kaum gegenseitig hold waren, oder ob es nicht auch «Nebenerwerbsräuber» gab, die sowohl handelten als auch plünderten. Mittelalterliche Quellen erzählen jedenfalls, dass es noch in der späten Wikingerzeit gestandene Großbauern gab, die im Sommer ihre Einkünfte aus der Landwirtschaft durch Plünderfahrten nach Irland oder die schottischen Inseln aufbesserten.

Es scheint jedenfalls so, dass die ersten nachweisbaren Wikingerfahrten nach England führten und bald auch nach Irland, und man kann annehmen, dass die Skandinavier auf den Britischen Inseln die ihnen gewohnte Methode der küstennahen Navigation praktizierten: Am Tage segelte man möglichst in Landsicht die Küsten entlang, abends wurde am Ufer angelegt oder geankert und an Land gekocht, da Feuerstellen auf Schiffen eine massive Gefahrenquelle darstellen. Die Überquerung des Englischen Kanals außer Landsicht war vermutlich kein großes Problem, da die Strecke bei günstigem Fahrtwind leicht in zwei Tagen und einer Nacht zu bewältigen ist, denn der Kanal ist auf der Höhe der Rheinmündung und von Ipswich keine 120 Seemeilen breit. Zudem wusste man in Skandinavien auf Grund der jahrhundertelangen Handelsbeziehungen, wie man nach Friesland, an den Rhein, nach Northumbria, nach Irland und selbst bis in die Themsemündung kam.

Es hing wohl in erster Linie mit den innenpolitischen Zuständen in England und dann auch im Frankenreich zusammen, dass die skandinavischen Seefahrer merkten, wie leicht in diesen Landen Beute zu machen war, woraufhin sie ihre räuberischen Aktivitäten mehr und mehr auf besser organisierte, weiter ausgreifende und häufig von ganzen Flotten durchgeführte Plünderfahrten ausdehnten. Ursprünglich waren es aber sicher keine politisch motivierten oder gar durch Herrscher innerhalb Skandinaviens initiierte Fahrten, mit denen die Wikingerzeit begann; es waren wohl eher Raubzüge von Räuberbanden, die sich aus jüngeren, von der Erbfolge ausgeschlossenen Bauernsöhnen zusammengesetzt haben dürften, die nichts zu verlieren, durch Beute an den Küsten anderer Länder aber viel zu gewinnen hatten an Reichtum und Ruhm. Erst mit der Zeit dürften sich derartige Banden zu größeren Verbänden zusammengeschlossen haben, deren Räuberhauptmänner sich dann stolz als Seekönige bezeichneten. Nur äußerst wenig deutet in unseren Quellen darauf hin, dass diese Piratenkapitäne im Auftrag skandinavischer Fürsten oder Kleinkönige handelten, auch wenn die Vermutung naheliegt, dass die stetig fortschreitende Ausdehnung des Frankenreichs unter Karl dem Großen dänische Herrscher zu Gegenschlägen oder einem Guerillakrieg zur See bewogen haben könnte.

Erst später, und ironischerweise im Dienst fränkischer Herrscher, wurden die Piraten dann zu Söldnern, die bezahlt wurden, um andere Wikinger abzuwehren.

Jedenfalls war es wohl die nach dem Tode Karls des Großen im Jahr 814 weitgehend zusammengebrochene Küstenverteidigung des Frankenreiches, welche von den Wikingern geradezu als Einladung zu Plünderungsfahrten entlang der großen Flüsse ins Innenland Westeuropas verstanden wurde. Da man auf Grund der alten Kontakte wusste, wo reiche Städte und Abteien zu finden waren, hielt sich der Planungsaufwand für diese sommerlichen Raubzüge in Grenzen, wodurch die Popularität solcher Fahrten in Skandinavien offenbar deutlich anstieg: Schon für die Jahre nach 840 hören wir von fast jährlichen Überfällen auf die Städte entlang des Rheins, der friesische Handelsplatz Dorestad in der damaligen Rheinmündung wurde in den Jahren zwischen 834 und 865 mitunter mehrmals jähr-

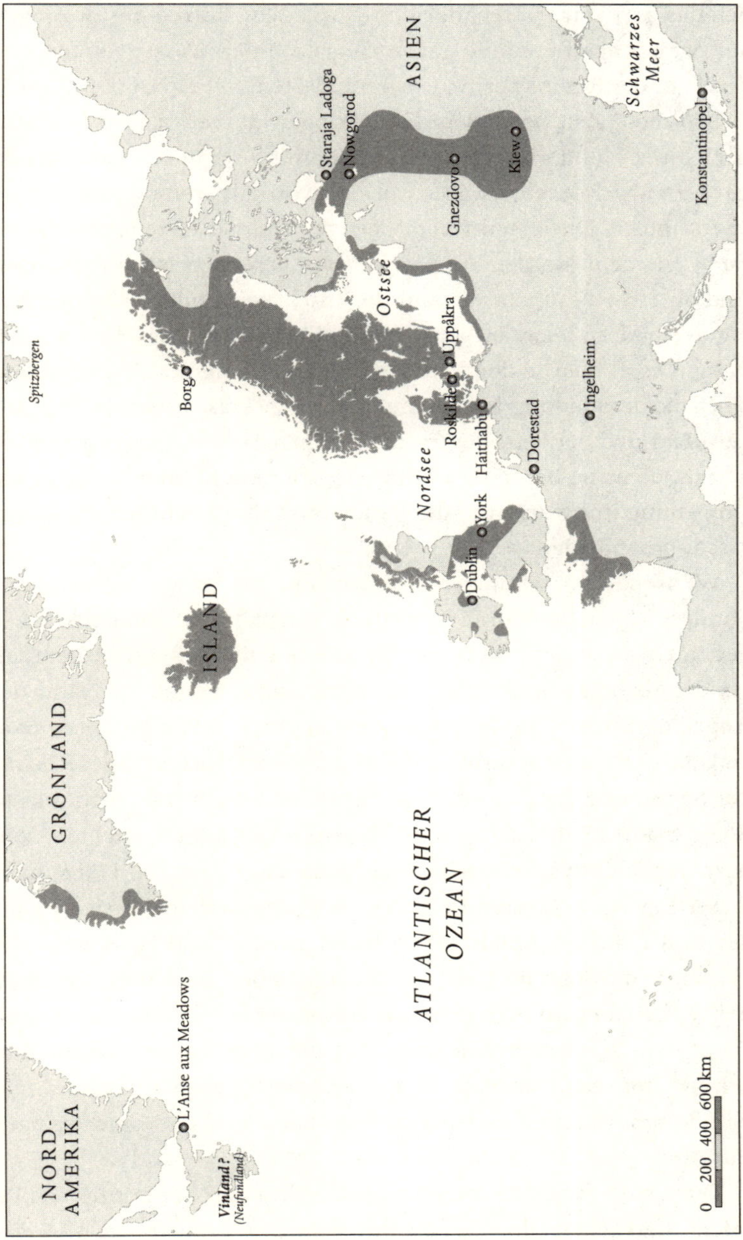

Die Welt der Wikinger

lich das Ziel von Piratenangriffen – und diese hörten nur deswegen auf, weil Sturmfluten die ganze Gegend unter Wasser setzten und den Lauf des Rheins permanent veränderten.

Um diese Zeit begannen die Wikinger, die zuvor in jedem Jahr nach ihren Plünderfahrten im Sommer mit ihrer Beute nach Skandinavien zurückgekehrt waren, an den vormals fremden Küsten zu überwintern. Die ersten Winter fern der Heimat verbrachten die Piraten aus dem Norden auf Inseln: die allerersten Niederlassungen sind ab etwa 850 nicht nur auf der Insel Noirmoutier vor der Bretagne, sondern auch auf Thanet und Sheppey in der Themsemündung, Oissel oder Jeufosse in der Seinemündung und Walcheren in der Scheldemündung belegt. Auch auf den Flussinseln des Rheins, der Maas und der Seine legten die Wikinger schon vorher gerne Lager an, denn sie boten ideale Ausgangspunkte für Raubzüge in die Umgebung und schützten die Banden mit ihren Schiffen vor Überraschungsangriffen.

Während die wikingische Expansion im ersten halben Jahrhundert vor allem durch punktuelle Angriffe auf lohnende Ziele geprägt war, änderte sich mit den etwas dauerhafteren Aufenthalten der Skandinavier in England, Irland und Friesland die Natur der Angriffe. Immer öfter hören wir in den Quellen von größeren Banden, die sich ganze Sommer lang in Flusstälern wie denen des Rheins, der Seine oder der Loire herumtrieben und nicht nur mehr leichte Beute bei der Plünderung von Klöstern und Kirchen machten, sondern nun auch systematisch ganze Städte angriffen. Der Höhepunkt dieser Bewegung bestand aus den Belagerungen von Paris im Jahr 845 und dann nochmals 885/7: beim zweiten Mal belagerten die Wikinger die Stadt über 12 Monate lang, ließen sich durch die ihnen die Weiterfahrt auf dem Flusslauf versperrenden Brücken nicht weiter stören, sondern rissen zum Teil die Brücken ein, zogen ihre Schiffe aber auch über Land an der befestigten Stadt vorbei und plünderten weiterhin den Oberlauf der Seine und die Yonne bis nach Burgund.

Doch bald darauf veränderte sich die Strategie der nordischen Piraten: Statt jedes Jahr irgendwann zwischen Frühjahr und Herbst aufzutauchen und nur mitunter auf den vorgelagerten Inseln Westeuropas zu überwintern, begannen sie nun damit, dauerhafte Siedlungen anzulegen. In Irland befestigten die Wikinger einzelne Handelsniederlassungen, mit denen sie sich erfolgreich zwischen den Dutzenden von irischen Kleinkönigtümern in Flussmündungen eingenistet hatten, die Rivalitäten zwischen den Nachbarn nutzend, zu sogenannten *longports*, also befestigten Häfen. Von diesen Häfen wurde die Siedlung in Dublin zur erfolgreichsten, und schon bald sprach man von einem wikingischen Königreich in Dublin und den umgebenden Landstrichen. Auch sonst ließen sich in der Folgezeit viele Skandinavier vor allem im Osten Irlands auf dieser fruchtbaren und milden Insel nieder, trotz der fortwährenden Kämpfe zwischen den vielen Kleinkönigen – doch dies war man aus der skandinavischen Heimat gewohnt. Viele der skandinavischen Auswanderer nahmen dann im schon lange zutiefst christlichen Irland den christlichen Glauben an, sei es auf Grund von Ehen mit einheimischen Frauen, sei es durch den natürlichen Prozess der Akkulturation. Diese Christianisierung der skandinavischen Siedler fand ebenso in Schottland statt, auch wenn sich hier die Siedlungen der Wikinger, abgesehen von den Häfen an der Nordostküste und dem kleinen skandinavischen Herrschaftsgebiet in Caithness (altnord. Kataness) gegenüber den skandinavisch bevölkerten Orkney-Inseln, besonders auf die schmalen, landschaftlich nutzbaren Küstenstreifen der Hebriden westlich von Schottland konzentrierte. Wie uns die Ortsnamen zeigen, wurde hier die einheimische keltische Bevölkerung ins Innere der Inseln zurückgedrängt, die skandinavischen Zuwanderer übernahmen die fruchtbareren Küstengebiete: Die Buchten und ertragreicheren Gegenden tragen skandinavische Namen, das kargere Hochland im Inselinneren trägt dagegen meist keltische Flurnamen. Ob und mit wie viel Gewalt diese Verdrängung verlief, lässt sich nicht mehr rekonstruieren. Doch nahezu unblutig scheint die Besiedlung der weiteren Inselgruppen vor sich gegangen zu sein. Zwar berichtet die lateinische *Historia Norvegiae*, dass die Orkneys nicht friedlich besiedelt, sondern im Kampf mit einer – piktischen oder keltischen – Urbevölkerung erobert worden seien, die Shetlands dagegen und die schon um 800 von irischen Mönchen besiedelten Färöer, die «Schafsinseln» auf halbem Weg zwischen Norwegen und

Island, dürften friedlich kolonisiert worden sein, und zwar schon ab 825, spätestens aber um das Jahr 900. Nicht alles, was wir in in der *Færeyinga saga* («Saga von den Bewohnern der Färöer») über die Besiedlung der Färöer lesen, darf man dabei für bare Münze nehmen. Viele der Siedler kamen mit Sicherheit nicht direkt aus Norwegen hierher, die zahlreichen keltischen Ortsnamen deuten darauf hin, dass sie – wie auch die Siedler in Island – mitunter schon in Schottland oder auf den dortigen Inseln ihr Glück versucht hatten und erst später – mitunter auch erst Generationen später – weitergezogen waren.

Island wurde angeblich zwischen 850 und 860 von einem norwegischen Wikinger namens Naddoðr entdeckt, der eigentlich unterwegs zu den westschottischen Hebriden war. Eine andere Tradition spricht die Entdeckung Islands dem Schweden Garðar Svavarson zu, wieder eine andere einem Norweger namens Floki Vilgerðarson. Die *Íslendingabók* «das Buch von den Isländern» dagegen schreibt die Entdeckung – gemeint ist jedoch wohl eher die früheste Besiedlung – dem Norweger Ingólfr Arnarson um oder bald nach dem Jahr 870 zu. Diesen Berichten folgt heute noch die moderne isländische Geschichtswissenschaft. Doch wie sind dann die Grundrisse von typisch skandinavischen Langhäusern zu verstehen, die sich in Reykjavík und auf den im Süden vorgelagerten Vestmannaeyjar finden und die unter einer Lavaschicht von einem Vulkanausbruch aus dem 7. Jahrhundert liegen? Diese müssten, wenn die Untersuchungen richtig sind, zu einer mindestens 200 Jahre früheren Besiedlungsphase gehören, die aber in den mittelalterlichen Quellen nirgends erwähnt wird. In Island wird diese Frage heiß diskutiert, und das letzte Wort dazu ist sicher noch nicht gesprochen.

Dazu kommt, dass Island nach Auskunft der ältesten überlieferten Quellen vor den Skandinaviern schon von kleinen Gruppen irischer Mönche besiedelt war, die hier, wie auf den Inseln vor der irischen Westküste und auf den Färöern, die Abgeschiedenheit gesucht hatten. Die isländischen Quellen berichten, die Mönche hätten nach Ankunft der Norweger Island freiwillig verlassen, da sie aber Bücher und Glocken zurückließen, klingt das nicht sehr überzeugend. Bis heute verweist der Name der Inselgruppe der Papeyjar «Pfaffen-

Inseln» im Südosten Islands auf diese frühen irischen Siedler, die *papar* genannt wurden.

Jedenfalls zogen wohl besonders im 9. Jahrhundert viele skandinavische Auswanderer von den schottischen Inselgruppen weiter auf die neue, fast unbewohnte und auf jeden Fall – vorerst – friedlichere Insel im Norden, um die dort fast unbeschränkten Weideflächen in Besitz zu nehmen, wovon die altisländische *Landnámabók*, das «Buch von der Besiedlung», ausführlich berichtet. Zwar führt die isländische Geschichtsschreibung den Exodus nach Island auf die Reichseinigung des ersten gesamtnorwegischen Königs Harald Schönhaar zurück, vor dem viele freiheitsliebende Bauern nach Island geflohen seien, doch wie so oft ist zwischen politischen Flüchtlingen und solchen, die aus wirtschaftlichen Gründen nach einem neuen, besseren Leben suchten, nicht leicht zu unterscheiden. Zudem hat eine genetische Untersuchung der Isländer am Ende des 20. Jahrhunderts ergeben, dass nicht nur der überwiegende Teil der Frauen, sondern auch mehr als ein Drittel der Männer eigentlich keltischer Abstammung sind und somit der selbstgebastelte Geschichtsmythos der Isländer als Nachkommen der unbeugsamen norwegischen Freibauern auf recht wackeligen Beinen steht. Dass viele dieser aus Schottland und Irland stammenden Siedler damals schon Christen waren, findet in dieser idealisierenden mittelalterlichen Geschichtsschreibung dann auch nur am Rande Erwähnung.

Nach der Besiedlung der Färöer und Islands war die Siedlungstätigkeit auf den nordatlantischen Inseln um das Jahr 930 weitgehend abgeschlossen. In diesem Jahr gab sich Island durch die Gründung des Allthings eine Art Verfassung, und trotz der angeblich vielen Fehden, von denen die isländischen Sagas des Hoch- und Spätmittelalters spannend zu erzählen wissen, war das Leben durch Gesetze wohl gut reguliert und im Wesentlichen friedlich, denn Gesetzesbrecher wurden mangels Gefängnissen einfach auf drei Jahre oder in schwereren Fällen lebenslang geächtet, also von der Insel verbannt.

Einem derart auf drei Jahre geächteten Totschläger, dem bereits erwähnten Eirik Thorvaldsson, genannt Eirik der Rote, verdankt die grönländische Kolonie ihre Existenz. Nachdem nämlich Eirik um

985/986 geächtet worden war, entdeckte er bei seiner Abreise aus Island das schon vor 930 von einem gewissen Gunnbjörn gesichtete Grönland, und der Geächtete verbrachte seine dreijährige Verbannung damit, das fremde Land zu erkunden. Als er nach Island zurückkehrte, machte er für eine Kolonisation des von ihm geschäftstüchtig Grönland («Grünes Land») genannten Lands Werbung, und er hatte damit so viel Erfolg, dass er schon im darauffolgenden Jahr mit einer größeren Gruppe von Siedlern aufbrechen und mit diesen die grönländische Ostsiedlung gründen konnte. Die Hauptsiedlung befand sich im von Eirik selbst nach ihm benannten Eiriksfjord, und es sollte sein Sohn, Leif Eiriksson, sein, der bald darauf zum Protagonisten der Expeditionen in die Neue Welt wurde. Über Grönland und die Fahrten nach Westen wird im Folgenden noch ausführlicher zu reden sein.

Neben den großen Siedlungs- und Entdeckungsreisen im Nordatlantik stehen bei der Betrachtung der Wikingerzeit meist die Plünderungszüge in Westeuropa im Mittelpunkt. Das geht auf die Berichterstattung der zeitgenössischen Annalen zurück, in denen die Chronisten in erster Linie von den Gräueltaten der Piraten aus dem Norden berichteten. Dadurch konzentrierte sich sozusagen das «Medieninteresse» im 9. und 10. Jahrhundert auf England, Irland und das Frankenreich. Dabei spielte sich in dieser Zeit im Osten Europas ganz still und von den Zeitgenossen nahezu unbemerkt eine der größten Wandlungen des Frühmittelalters ab: die Verstädterung und Verstaatlichung der weiten Ebenen Osteuropas.

Am Anfang standen wohl vereinzelte Handelsfahrten auf den ruhig fließenden, mächtigen Flüssen im Osten Europas, die für die Schweden nach relativ kurzer Fahrt über die Ostsee sich einladend öffneten: Hier trafen die Seefahrer auf keine systematische Verteidigung wie im Fränkischen Reich Karls des Großen, es gab keine dichte Besiedlung wie im fruchtbaren England und keine meteorologischen Unbilden wie im Nordatlantik. Zudem müssen diese Fahrten von Anfang an einen enormen Profit abgeworfen haben. Der Handel mit den Slawenstämmen versorgte die Skandinavier mit Pelzen, Bernstein und nicht zuletzt wohl auch mit Sklaven, die auf den Märkten des Baltikums und Westeuropas mit vielfachem Gewinn weiterverkauft werden konnten. Die russischen Flüsse und Seen waren außerdem leicht zu befahren: Die geringe Fließgeschwindigkeit ließ die Boote unter Segeln brauchbare Geschwindigkeiten erzielen, die teils unbewohnten Wälder bargen wenig Gefahren – allein die enormen Distanzen waren wohl ein Nachteil dieser Reisen. Doch dies dürfte die Skandinavier kaum abgeschreckt haben. Obwohl wir nicht genau wissen, was die Schweden als Gegenwert für die Luxuswaren Osteuropas anzubieten hatten, müssen die Handelsbeziehungen für die hier siedelnden Slawen und Karelier von Vorteil gewesen sein. Wir lesen nämlich in einer der wenigen slawischen Chroniken, der *Chronik von den ersten Dingen* (früher auch als *Nestorchronik* bezeichnet, kompiliert nach älteren Vorstufen wohl nach 1113 in einem Kloster in Kiew), dass man die Schweden nach ersten erfolgreichen Abwehrkämpfen (um 859) bewusst ins Land gerufen hätte, um über die miteinander verfeindeten Slawenstämme zu herrschen. Ob dies den Tatsachen entspricht, sei dahingestellt, jedenfalls übernahmen Skandinavier anscheinend schon ab 862 die Herrschaft in Kiew und bauten das riesige Gebiet zu einem mächtigen Fürstentum aus. Gleichzeitig legten Skandinavier anscheinend an vielen der russischen Flüsse Handelsstationen an, die – idealerweise in einigermaßen überschwemmungssicherer Höhenlage am Flussufer gelegen und durch Palisadenwände geschützt – zu den Kernen der russischen Städte des Mittelalters und der Neuzeit wurden: neben Kiew am Dnjepr, Staraja Ladoga am Ladogasee, Nowgorod am Wolchow, Gnezdovo bei Smolensk am Dnjepr, Timerovo bei Jaroslavl' an der Wolga, Polotsk an der Polota, Rostov am Nerosee liegen die warägischen Gründungen immer an strategischen Punkten des russischen Flusssystems, zum Teil allerdings weit außerhalb des eigentlichen Siedlungsgebiets der Nowgoroder und Kiewer Rus'.

Von den drei angeblich ins Land gerufenen Brüdern Rurik (skand. Hrorek), Sineus und Truvor bekam Rurik Nowgorod, er gilt aber in der Folge auch als Begründer der Rurikiden. Sein Nachfahre Svyatoslav wurde trotz zahlreicher militärischer Erfolge 971/72 von aufständischen Petschenegen ermordet, die aus seinem Schädel eine Trinkschale fertigten – ein Anlass zur Mythenbildung –, was gerne den Nordleuten angelastet wurde. Obwohl schon bald die ersten (griechischen) Missionare in der Rus' tätig wurden – aus den Jahren 888/89 wird von christlichen Märtyrern berichtet –, dauerte es ähnlich wie in Skandinavien noch 100 Jahre, bis ab 989 die Kiewer Rus' zu einem christlichen Reich wurde.

Die Skandinavier, die überwiegend aus Schweden kamen, wurden Rus' genannt, ohne dass ganz sicher ist, woher dieser Name ursprünglich kam. Üblicherweise geht man von einer Verbindung des Wortes Rus' zum finnischen Wort *ruotsi* aus (für die Schweden), das selbst wieder von altnordisch *róðr* «das Rudern» komme; dann wäre Rus' allerdings eine Bezeichnung für die auf Wasserwegen rudernden Skandinavier gewesen und von skandinavischer Abstammung. Doch es ist ganz unwahrscheinlich, dass die langen Strecken auf den Flüssen gerudert wurden, sodass an dieser These Zweifel angebracht sind. Eine weitere Deutung leitet den Begriff von der schwedischen Landschaft Roslagen ab. Nach dieser Herleitung hätte eine schwedische Provinz schließlich allen im Osten reisenden Skandinaviern ihren Namen gegeben. Dagegen sieht eine weitere, vielleicht wahrscheinlichere Deutung das Wort als eine Fremdbezeichnung der Slawen für die rothaarigen Männer aus dem Norden, die nicht allein auf die Schweden, sondern auf alle Skandinavier angewendet wurde. Letztendlich wurde das Wort, woher es auch stammen mag, zu einer Bezeichnung für das Gebiet, das die Menschen aus dem Norden nach und nach besiedelten. In den skandinavischen Quellen wird dagegen immer eine Eigenbezeichnung verwendet, nämlich das Wort *væringjar,* das zum deutschen Begriff Waräger für die «Wikinger im Osten» geführt hat. Dieser Namen leitet sich höchstwahrscheinlich von altnordisch *vár* «Eid, Gelübde» her und er bezeichnete damit die Männer, die sich gegenseitige Eide für die Dauer einer Fahrt geschworen hatten. Dies lässt die Handels- und Fahrtgemeinschaften im Osten als eine Vorform des mittelalterlichen Gildewesens erscheinen, wofür auch spricht, dass der davon abgeleitete Begriff *væringjaseta*, etwa «Waräger-Sitze», nie einen Landstrich, sondern immer nur skandinavische (Handels-?)Niederlassungen oder aber militärische Lager bezeichnete.

Die Etablierung von Handelsstationen und schließlich des Fürstentums in Kiew öffnete den Skandinaviern den Weg weiter nach Osten. Über Kiew erreichten die Schweden als Händler das Schwarze Meer und schließlich Byzanz, einzelne Handels- und Entdeckungsexpeditionen erreichten das Kaspische Meer und selbst den Nahen Osten mit Syrien und Palästina. Derartige Reisen wurden in Skandinavien berühmt, sodass man im Mittelalter selbst in Island schon von Serkland (das Land der Sarazenen, also etwa Arabien) gehört hatte. Die Handelskontakte am Schwarzen Meer führten auch zu politischen Kontakten zwischen dem Kiewer Fürstentum und dem Oströmischen Imperium mit seiner Hauptstadt Byzanz. Allerdings waren diese Kontakte nicht nur freundlicher Natur, und es gab wiederholte Feldzüge der Kiewer Rus' gegen Byzanz, die allerdings von der Großmacht Byzanz nur als Nadelstiche empfunden worden sein dürften. So wissen wir von Verträgen zwischen Kiew und Byzanz, etwa aus dem Jahr 911 oder aus den Jahren zwischen 941 und 944, die nach den Angriffen des Kiewer Fürsten Igor geschlossen wurden. Die Byzantiner konnten die Flotten aus dem Norden mit Hilfe des sogenannten Griechischen Feuers (eine explosionsartig verbrennende chemische Mischung) leicht auf Distanz halten, doch die Tapferkeit (und die Größe?) der nordischen Krieger beeindruckte die byzantinischen Kaiser derartig, dass immer mehr Skandinavier aus der Rus' für die byzantinischen Truppen angeworben wurden. Eine fränkische Delegation des 10. Jahrhunderts erwähnte diese als «Rusios, die wir Normannen nennen» (Liutprand von Cremona: *Relatio de legatione Constantinopolitana*, aus dem Jahr 968).[5] Nachdem 988/89 Vladimir, Fürst von Kiew, mit 6000 Kriegern dem byzantinischen Kaiser bei einem Aufstand zu Hilfe gekommen war, formte Kaiser Basileios II. (976–1025) aus den zahlreichen in Byzanz verbliebenen Skandinaviern eine eigene Truppe innerhalb seiner Palastwache, die berühmte Warägergarde, wohl nicht zuletzt, weil die Nordländer als Ausländer weniger leicht in die für Byzanz so typischen Palastrevolutionen verwickelt werden konnten. Im 11. Jahrhundert nahm diese Warägertruppe unter ihrem legendären Führer, dem späteren norwegischen König Harald dem Harten, an byzantinischen Feldzügen bis in den Nahen Osten und Sizilien teil.

Trotz des guten Verhältnisses zwischen Basileios II. und Vladimir, der eine Schwester des Kaisers heiratete, sich selbst und die Mehrheit der Bevölkerung 988 taufen ließ und dafür später den Beinamen «der Heilige» bekam, blieben die Beziehungen zwischen dem Kiewer Reich der Rus' und Byzanz gespannt oder wenigstens zwiespältig. Wir hören noch 1043 von einem Abgriff auf Byzanz, bei dem die Nordleute allerdings ihre Flotte restlos verloren.

Doch auch wenn das Kiewer Reich der Rus' offenbar gebannt nach Südosten blickte, gingen die Verbindungen zu Skandinavien für eine lange Zeit nicht verloren.

Die Namen der Fürsten von Kiew (und damit etliche beliebte russische Vornamen) gehen auf skandinavische Namen zurück und zeigen somit noch für eine lange Zeit ihr skandinavisches Selbstverständnis: Rurik kommt von Hrorek, Oleg von Helge, Igor von Ingvar und Olga von Helga. Etliche norwegische Könige finanzierten zudem Kampagnen zur Wiedererlangung ihres Throns durch das offenbar schwerreiche Kiewer Fürstentum: dazu gehörten etwa Olaf Tryggvason (reg. 995–1000) am Hofe Vladimirs, Olaf Haraldsson der Heilige (reg. 1016–1030) und Harald der Harte (reg. 1046–1066), der eine Tochter Jaroslav des Weisen (reg. 1036–1054) heiratete, der selbst wieder seit 1028 mit Ingigerd, Tochter des schwedischen Königs Olaf Schoßkönig verheiratet (und somit Schwager von Olaf dem Heiligen) war. Auch der selbstbewusste König Sigurd Jórsalafari («Der Jerusalemfahrer», reg. 1103–1130) nahm auf der Rückreise von einem Kreuzzug (zu dem er allerdings zu spät kam) 1110 den Landweg über Russland in Kauf, um die «Kiewer Verwandtschaft» zu besuchen.

Der Reichtum der Rus' kam nicht von ungefähr. In den zwei Jahrhunderten, nachdem die Schweden (angeblich) ins Land gerufen worden waren, waren die Handelsrouten durch das heutige Russland von immenser Bedeutung, obwohl die Route von Skandinavien bis Griechenland unendlich lang war und die Schiffe wenigstens an zwei Stellen über Land transportiert werden mussten. Vom Bottnischen Meerbusen aus wurde zuerst der Wolchow bis zum Ladogasee und dann weiter zum Ilmensee befahren. Von diesem aus folgte man der Lowat, an deren Oberlauf man eine Schleppstelle zu bewältigen hatte, die zum Dnjepr führte. Am Dnjepr war von Kiew kommend flussabwärts eine 70 km lange Strecke mit Stromschnellen zu passieren, die nur beim Frühjahrshochwasser zu bewältigen war, dazu mussten die Boote auf 10 km über Land geschleppt werden. Schließlich galt es, das Schwarze Meer zu überqueren. Die langen Reisen über die russische Flüsse, auf dem Dnjepr ins Schwarze Meer und über die Wolga in die Kaspische See, nötigen Respekt ab, auch wenn man nicht davon ausgehen muss, dass diese Strecken gerudert wurden – die stillen russischen Flüsse lassen sich recht gut besegeln – oder dass die Händler ihre Schiffe eigenhändig die kilometerlangen Schleppstellen entlangziehen mussten – spätestens seit dem 10. Jahrhundert gab es hier zweifellos eine gut funktionierende Infrastruktur mit Zugtieren und Sklaven, welche die Knochenarbeit verrichteten.

Die drei wichtigsten Siedlungen der Skandinavier auf dieser Strecke waren Alt-Ladoga (altnord. Aldeigjuborg) am Ladogasee, Nowgorod (altnord. Hólmgarðr, «Inselstadt») unweit der Mündung des Ilmensees und schließlich Kiew (altnord. Kænugarðr, «Stadt der Kænir = Kiewer»). Wenigstens Alt-Ladoga war eine völlige Neugründung, während gegenüber Nowgorod immerhin schon der alte slawische Handelsflecken Gorodišce existierte, auch Kiew bestand schon vor der Ankunft der Skandinavier.

Die Ausgrabungen in Nowgorod in den letzten Jahrzehnten des 20. Jahrhunderts haben ergeben, dass der Handel hier und im nahegelegenen Gorodišce tatsächlich die Wirtschaft dominierte: Die Gräber, selbst die der Frauen, sind durch das Kennzeichen der Händler, die Waage, markiert. Überraschend war allerdings die geringe Zahl der skandinavischen Gräber. Höchstens 15 % der Grabstätten sind auf Grund von Tracht und Ausstattung Skandinaviern zuzuordnen, ansonsten gab es hier offenbar ein buntes Gemisch aus Slawen, Kareliern und Finnen. Der alte «Normannistenstreit» um die Frage, ob Slawen oder Skandinavier letztendlich für die Gründung eines Staatengebildes auf dem Gebiet des heutigen Russland, Weißrussland und der Ukraine verantwortlich waren, lässt sich hierdurch also nicht beantworten. Vor allem lässt der Streit aber außer Acht, dass neben den skandinavischen «Kriegerhändlern», die eine dünne ökonomische und politische Oberschicht bildeten, und den slawischen Stämmen noch eine Vielzahl finno-ugrischer Völkerschaften in der Geschichte dieser Region eine Rolle spielten.

Eines lässt sich jedoch mit Sicherheit sagen, nämlich dass die Waräger im Osten und die Wikinger rund um die Britischen Inseln ein gemeinsames Interesse hatten: den die ganze Nord- und Ostsee überziehenden Sklavenhandel, der via das Kiewer Reich der Rus' die stehenden Heere der Abbasiden im 9. Jahrhundert in Arabien und Ägypten versorgte. Der dadurch in Nordeuropa einsetzende Fluss von Silberdirrhems nahöstlicher Provenienz hatte Auswirkungen auf ganz Skandinavien und bewirkte, dass Hack- und Bruchsilber die gängige Währung der Wikingerzeit wurde, selbst – wenn auch in geringem Ausmaß – auf den Inseln des Nordatlantiks.

4. Jenseits von Island – der Weg der Wikinger nach Westen

«So sagen weise Männer, dass in dem selben Sommer, als Eirik der Rote ausfuhr, um Grönland zu besiedeln, 25 Schiffe aus dem Breidafjord und Borgarfjord ausliefen, aber nur 14 dort ankamen: einige trieb es zurück, aber einige scheiterten. Das war 15 Jahre, bevor das Christentum in Island als Gesetz angenommen wurde [d. h. im Jahre 1000].» (*Grænlendinga saga*, Kap. 1)[6]

Es wurde schon davon gesprochen, dass es nur bedingt richtig ist, bei den Protagonisten der Entdeckungsreisen der frühmittelalterlichen Skandinavier von «Wikingern» zu sprechen, denn es waren eben nicht die Seeräuber und Piraten, die zu den großen Entdeckungen westlich von Island aufbrachen, sondern es waren in erster Linie Bauern aus Island und Norwegen, die im Westen neue Länder fanden, genauso wie es die schwedischen Händler waren, die im Osten der Alten Welt immer weiter bis zur Kaspischen See und weiter vordrangen.

Eirik der Rote jedoch hatte offenbar einiges an Wikingerblut in sich, da er nicht nur mit seinem Vater wegen Fehden Norwegen verlassen musste, sondern auch in Island zweimal wegen Totschlags geächtet wurde, zuerst offenbar nur aus dem Haukadal, das zweite Mal aus ganz Island (um 985/986), nachdem er sich im Westen auf Inseln im Hvammsfjord niedergelassen hatte, dort aber sofort wieder in Händel verwickelt worden war. Nach der Erkundung Grönlands und der klugen Namensgebung für die eis- und schneebedeckte Insel hatte Eirik offenbar großen Erfolg bei der Anwerbung von Siedlern, die ihm in das neue Land folgen wollten, denn noch vor 990 brachen 25 Schiffe von Island aus auf, von denen allerdings nur 14 ankamen, weil die anderen durch schlechtes Wetter zurückgetrieben wurden oder sanken.

Offenbar war die Verlockung eines neuen, unbewohnten Landes

größer als die Angst vor den Gefahren einer Überquerung der Dänemarkstraße in weitgehend unbekannte Gebiete. Das dürfte in erster Linie daran gelegen haben, dass Island, bzw. der landwirtschaftlich nutzbare Teil der Insel, bereits zwischen 870 und 930 vollständig besiedelt worden war und somit für Neuankömmlinge wie Eirik und seinen Vater Thorvald in der zweiten Hälfte des 10. Jahrhunderts kaum mehr attraktive Böden zur Verfügung standen. Zudem schritt in der klimatisch prekären Lage Islands die Bodenerosion auf Grund der intensiven Weidenutzung rasch voran, sodass für immer mehr Menschen immer weniger Land zur Verfügung stand, welches sie als Weiden für ihr Vieh nutzen konnten. Für einen offenbar notorischen Querkopf wie Eirik – so erfahren wir etwa in seiner Saga, dass er als Einziger in seiner Familie nicht zu dem von seinem Sohn propagierten Christentum übertrat – war die Auswanderung also ganz unabhängig von seiner Ächtung eine keineswegs unattraktive Alternative zum Leben auf Island.

Die Besiedlung Grönlands war also mitnichten eine heroische Tat und zudem auch nautisch keine sonderlich anspruchsvolle Leistung, selbst wenn in dem erwähnten Unwetter offenbar fast die Hälfte der ausgelaufenen Schiffe ihr Ziel nicht erreichen sollte.

Obwohl heute die Entdeckung und Besiedlung Islands (um 870), Grönlands (um 885) und der nordamerikanischen Küstengebiete (um 1000) als die größten Leistungen der wikingerzeitlicher Skandinavier angesehen werden – weil sie auf Seereisen beruhen, die uns heute abenteuerlich und geradezu übermenschlich vorkommen –, stellte sich dem damaligen Seefahrer die Lage ganz anders dar. Die Westnorweger, von denen sich die Isländer laut ihrem selbstgezimmerten Geschichtsmythos in erster Linie herleiten, hatten schon vor der Besiedlung Islands begonnen, die nordatlantischen Inseln um Schottland (die Hebriden, Orkneys und Shetlands), dann teilweise Nordschottland (vor allem die Halbinsel Caithness) und auch Nordirland zu besiedeln, um mitunter später, auch noch nach Generationen, ihr Glück auf den Färöern, Island und Grönland zu suchen. Die Gründe für den Aufbruch waren stets dieselben: mehr freies, unbebautes Land als in der Heimat, das Klima war in der Wikingerzeit ohnehin wärmer als heute, und die Besiedlung eines «neuen» Landes war für einen armen Bauern eine ebenso große Herausforderung wie für einen echten Abenteurer.

Eirik der Rote etablierte also um das Jahr 885 die erste Siedlung an der Südspitze Grönlands in dem von und nach ihm selbst benannten Eiriksfjord, die später sogenannte Ostsiedlung (altnord. Eystribygð, um das heutige Qagssiarssuk und Narsarsuaq, etwas nördlich von Julianehåb). Es war wohl eine ganz ansehnliche Siedlung, denn die *Grænlendinga saga* nennt eine ganze Liste von Männern, die sich im Eiriksfjord und in den Seitenfjorden niederließen:

> «Herjolf nahm den Herjolfsfjord in Besitz und ließ sich auf Herjolfsnes nieder, Ketill nahm den Ketilsfjord in Besitz und Hrafn den Hrafnsfjord, Sölvi das Sölvatal, Helgi Thorbrandsson den Alftafjord, Thorbjörn Glora den Siglufjord, Einar den Einarsfjord, Hafgrim den Hafgrimsfjord und Vatnahverfi [das Gebiet östlich des Hafgrimsfjords], und Arnlaug den Arnlaugsfjord, aber einige fuhren zur Westsiedlung.» (*Grænlendinga saga*, Kap. 1)[7]

Den eigenen Hof ganz innen im Eiriksfjord (heute Tunulliarfik) nannte Eirik Brattahlid (altnord. Brattahlið, «Steilhang»), und hier entwickelte sich das weltliche Zentrum der grönländischen Kolonie, zu dem auch die Vinland-Fahrer immer wieder zurückkehrten, während das kirchliche Zentrum Grönlands rund um die Kathedrale und die Klöster in Gardar (altnord. Garðar, heute Igaliko) nur wenige Kilometer weiter südlich auf der anderen Seite des Fjords entstand.

Vielleicht nicht ganz so zeitnah, wie es das obige Zitat nahelegt, doch noch vor dem Jahre 1000, etablierte sich über 250 Seemeilen nordwestlich des Eiriksfjords eine weitere Siedlung in der Gegend des heutigen Godthåb (Nuuk), die sogenannte Westsiedlung (altnord. Vestribygð). Zusammen hatten die beiden Siedlungen wohl nie mehr als 280 Höfe, auf denen etwa 3000 Menschen lebten.[8]

Die also eigentlich südlich gelegene Ostsiedlung bestand aus etwa 190 Höfen, die sogenannte Westsiedlung aus 90. Für diese doch recht schüttere Besiedlung war die Zahl der nach der Christianisierung (nach dem Jahre 1000) errichteten Kirchen beträchtlich. In der Westsiedlung entstanden insgesamt drei oder vier, in der Ostsiedlung sogar 13 Kirchen, in Gardar wurde eine Kathedrale errichtet, die im Jahr 1377 ihren letzten Bischof bekam. Die meisten dieser Kirchen waren wohl kleine Eigenkirchen auf den Höfen, dazu kamen bis etwa 1200 noch ein Benediktinerkloster im Siglufjord (heute Uunartoq), ein Augustinerkloster im Ketilsfjord (heute Tasermiut) sowie ein deutlich später gegründetes benediktinisches Frauenkloster ebenfalls im Siglufjord (heute Narsarsuaq). Die Klostergründungen des 12. und 13. Jahrhunderts folgten damit der isländischen Tradition und nicht der norwegischen, wo im Laufe des 13. Jahrhunderts die Zisterzienser und Dominikaner und schließlich die Franziskaner dominierten.

Auf Grund der damals guten klimatischen Bedingungen – günstiger als im 20. Jahrhundert – gab es in Grönland um das Jahr 1000 vermutlich ein besseres Nahrungsmittelangebot als in Island, was nicht zuletzt auf die Vorkommen von Seehunden und wilden Rentieren zurückzuführen war, da diese großen Tiere in Island völlig fehlten. Das Nahrungsmittelangebot in den grönländischen Fjorden in Verbindung mit den doch sehr beschränkten Weideflächen für Rinder und Schafe führte dazu, dass die Grönländer nicht nur Jagd- und Fischzüge entlang der grönländischen Westküste unternahmen, sondern vielleicht sogar ihr Vieh zu einem als Sommerweide verwendbaren Küstenstreifen brachten, worauf zumindest der Name *norðrsetr* («Nord–Almen») hinweisen könnte. Möglicherweise hat es sich dabei aber auch um Jagdlager gehandelt, da der Abstand von 700–900 km zur Westsiedlung für eine Verschiffung von Weidetieren doch recht groß erscheint. Dass die Grönländer jedoch tatsächlich weit nach Norden in das sonst nur von Inuit bewohnte Gebiet vorstießen, belegt der Runenstein von Kingigtorssuaq, den man knapp unter 73° nördlicher Breite gefunden hat und der (vermutlich Mitte des 13. Jahrhunderts) davon erzählt, dass «Erling Sighvatsson und Bjarni Thordarson und Eindridi Oddsson diese Warte am Samstag vor Himmelfahrt errichteten …»[9] Die Männer türmten jedenfalls an diesem Ort einen Steinhaufen als Seezeichen auf und hinterließen ihre Namen auf dem sauber ausgeführten kleinen Runenstein – ob sie bereits so früh im Jahr (Ende April) diese nördliche Breite erreicht oder dort überwintert hatten, ist unsicher.

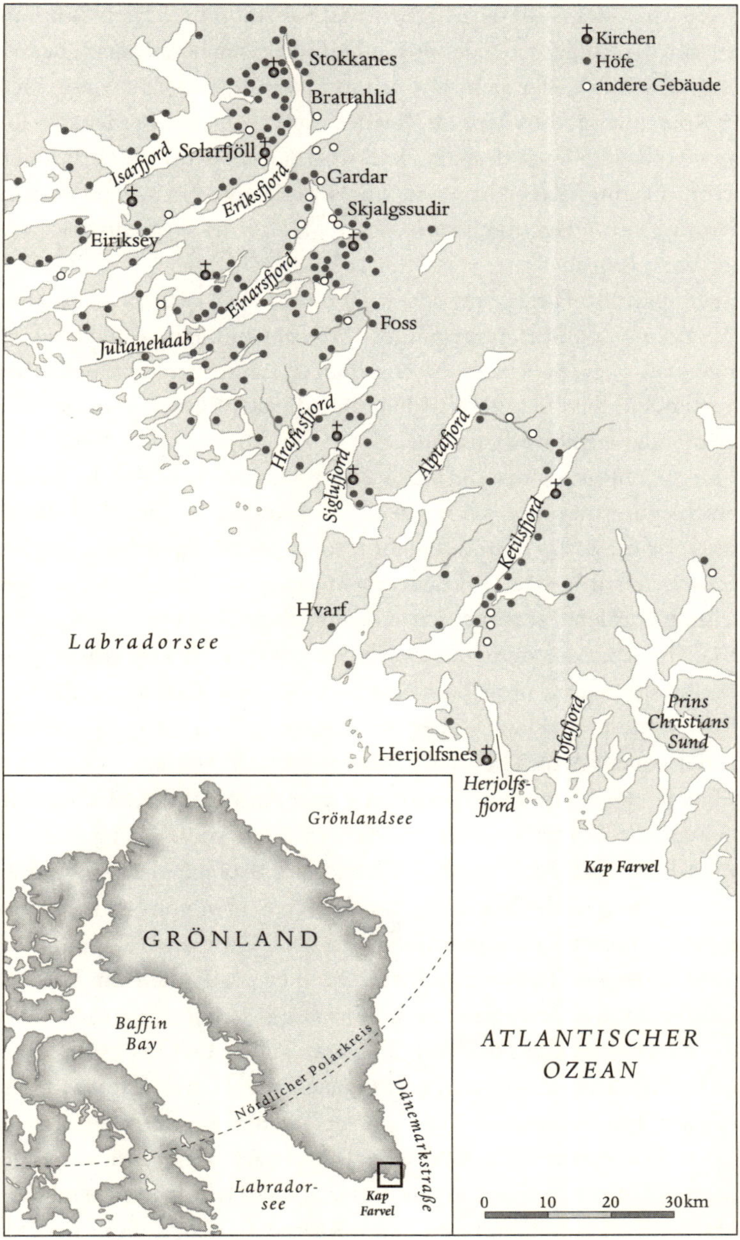

Die Ostsiedlung in Grönland in der späten Wikingerzeit

Wie man der Zahl der Kirchen und Klöster entnehmen kann, sahen sich die Siedler nach der durch Leif Eiriksson betriebenen Bekehrung Grönlands, der sich, wie schon erwähnt, nur sein Vater Eirik der Rote entzog, durchaus als Teil des – jetzt schon christlichen – Europa, vor allem auch deshalb, weil man noch bis ins 17. Jahrhundert davon ausging, dass Grönland im Norden mit Norwegen zusammenhing, also eigentlich eine polare Halbinsel Nordeuropas war (vgl. dazu Kap 3).

Im Spätmittelalter – zwischen 1400 und 1550 – ist die grönländische Kolonie dann untergegangen. Was genau dazu geführt hat, ist ungewiss, aber es war wohl eine ganze Reihe von unglücklichen Umständen, die dazu geführt hat, dass die aus Europa stammenden Grönländer ausgestorben sind.

Der wichtigste Umstand war wohl die spätmittelalterliche Klimaverschlechterung, die schon im 14. Jahrhundert in ganz Europa zu Hungersnöten führte und die auf Grund der Mangelernährung der Menschen zahlreiche Erkrankungen nach sich zog. Als weitere Gründe werden Parasiten, Inzucht und Konflikte mit den seit dem 10. Jahrhundert aus dem Nordwesten der Insel südwärts vordringenden Inuit genannt, ohne dass eine monokausale Erklärung das Verschwinden der grönländischen Siedlungen erklären könnte, obwohl immer wieder neue Theorien dazu vorgebracht werden.

Doch lange vor dem Untergang ihrer grönländischen Kolonie blickten die skandinavischen Seefahrer noch weiter nach Westen. Wie schon erwähnt, entdeckte der Isländer Bjarni Herjolfsson, als er auf dem Weg nach Grönland durch einen Sturm vom Kurs abkam, im Jahre von Eiriks Kolonisationsfahrt nach Grönland (985) ein Land westlich der neu besiedelten Insel. Doch er betrat die fremde Küste im Südwesten Grönlands nicht, sondern segelte wieder zurück. Jahre später, so berichten es die Vinland-Sagas, kaufte Leif Eiriksson, einer der Söhne Eiriks des Roten, dann Bjarnis Schiff, um damit eine Expedition zur Erforschung der neuen Küsten zu unternehmen (s. Kap. 7). Wie Bjarni vor ihm, stieß er schon nach drei Tagen auf Land, zuerst auf eine steinige und öde Küste, die er Helluland («Steinland») nannte, dann auf einen bewaldeten Küstenstreifen, dem er den Namen Markland («Waldland») gab. Nochmals zwei Segeltage weiter

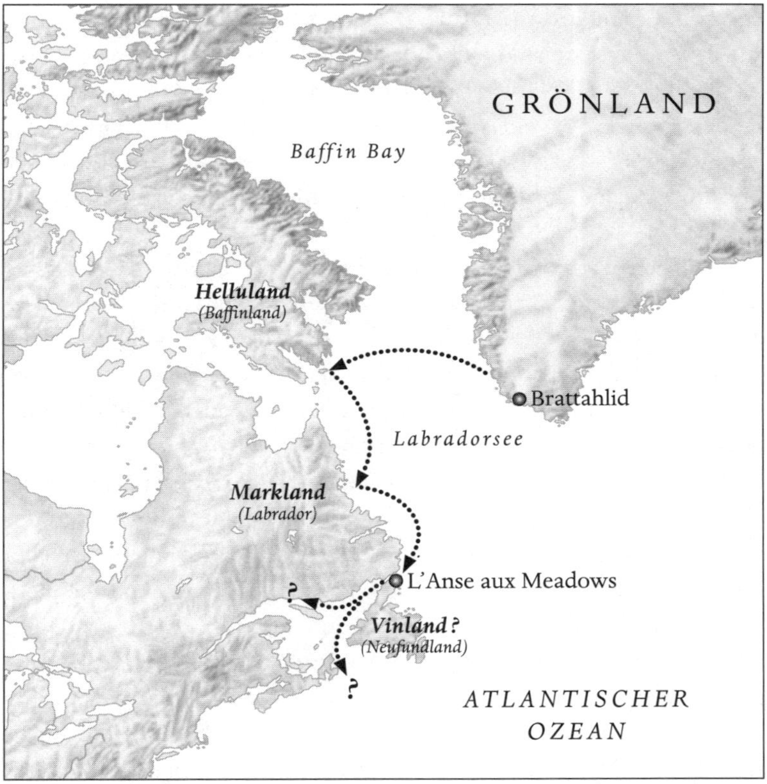

Die skandinavische Westexpansion von Grönland aus

stieß er schließlich auf eine mit Wiesen und Wäldern bewachsene Küstenregion, in der angeblich sogar wilder Wein wuchs. Deshalb bekam dieses Land den Namen Vinland. Heute wird meist angenommen, dass mit Vinland nicht «Weinland», sondern «Weideland» gemeint war; dennoch geistert die Idee des sagenhaften Weinlands seit dem Mittelalter durch die Phantasie der Skandinavier und ebenso durch die populäre Literatur zu diesem Thema. Die Weintrauben aus der Geschichte sind jedoch nicht mehr als eine später verklärte Interpretation des Namens, der wohl zuallererst als das von den Reisenden gesuchte «Weideland» zu deuten ist, und alle Versuche der Lokalisierung von Vinland südlich der Siedlung in L'Anse aux Meadows an der Nordspitze Neufundlands blieben bislang unbewiesen.

Dass die wikingerzeitlichen Siedlungsreste in L'Anse aux Meadows tatsächlich auf eine Siedlung im gesuchten Vinland hinweisen, ist jedoch keineswegs sicher. Es mag sich hier vielleicht um die in den Sagas erwähnten Leifsbudir handeln – dann wäre Neufundland tatsächlich Vinland –, aber beweisen lässt sich diese Identifikation nicht. Die Funde belegen jedoch auf jeden Fall, dass skandinavische Entdecker und Siedler im frühen 11. Jahrhundert von Grönland aus bis an die Küsten des heutigen Kanada vorgestoßen sind und damit in der Tat als «Entdecker» Amerikas gelten können. Doch könnte es sich bei L'Anse aux Meadows auch um die in den Sagas als Hop bezeichnete Stelle handeln oder gar um eine in den Sagas gar nicht erwähnte Siedlung, die unter Umständen nur wenige Winter lang als Basislager für weitere Erkundungsfahrten diente, oder als Stapelplatz für Holz und andere Güter, die man nach Grönland zurückbringen wollte. Dass L'Anse aux Meadows mit seiner Schmiede, der Werkstatt für Bootsreparaturen und den kargen Resten von einigen Bootshütten auf jeden Fall als notdürftige Bootswerft zur Ausbesserung von Schiffen verwendet wurde, belegen über 100 aus Schiffen entfernte (und wohl durch neue ersetzte) Bootsnieten, die man hier gefunden hat.

Aber wenn Vinland nicht an dieser Stelle zu finden ist, wo liegt es dann? Nach Meinung einiger Forscher geben die grauen Walnüsse (engl. *butternuts*, bot. *Juglans cinerea*), die man in den letzten Jahren bei Nachgrabungen durch den kanadischen Staat in den Siedlungsresten von L'Anse aux Meadows gefunden hat, Aufschluss über diese Frage. Diese Walnüsse kommen nämlich weder heute noch kamen sie vor 1000 Jahren in Neufundland vor, ihre nördlichste Verbreitungsgrenze liegt in der kanadischen Provinz New Brunswick auf der Südseite des Sankt-Lorenz-Stromes. Da die Meeresströmungen an der Ostküste von Labrador jedoch in nord-südlicher Richtung fließen und daher die Nüsse nicht nordwärts nach Neufundland getrieben sein können, sind die skandinavischen Expeditionen wohl doch bis in den Sankt-Lorenz-Golf vorgedrungen. Vielleicht lag also Vinland in Quebec, New Brunswick oder gar an der Spitze von Nova Scotia? Doch mangels weiterer archäologischer Funde sind das bislang alles nur Spekulationen.

Verschiedene Meinungen zur Lokalisierung der in den Vinland-Sagas erwähnten Gebiete

	Rafn 1837	Storm 1887	Hermansson 1936	Ingstad 1969	Wahlgren 1986	Gísli Sigurðsson 2000	Vorgeschlagene Lokalisierung
Helluland	Labrador	Labrador	Labrador	Baffin Island	Baffin Island	Baffin Island	Baffin Island
Markland	Nova Scotia	Neufundland	Labrador	Labrador	Labrador	Labrador	Labrador
Vinland	Cape Cod	Nova Scotia	Neuengland	Neufundland	Bay of Fundy	–	Am St. Lorenz Golf
Leifsbuðir	Mount Hope Bay	–	–	L'Anse aux Meadows	Bay of Fundy	L'Anse aux Meadows	L'Anse aux Meadows
Furðustrandir	Cape Cod	Cape Breton Island	Südl. Labrador	Südl. Lab-rador	Südl. Labrador	Nova Scotia	Südl. Labrador
Straumfjord	Buzzards Bay	Canso Straße	–	Chaleur Bay	Belle Isle Straße	Bay of Fundy	Belle Isle Straße?
Hop	Mount Hope Bay	Südl. Nova Scotia	Neu England	L'Anse aux Meadows	Südl. von Neu-fundland	New York	Am St. Lorenz Golf

5. Die Entdeckung der Neuen Welt: Die «Vinland-Sagas»

«Das Land, das Grönland genannt wird, wurde von Island aus entdeckt und besiedelt. Eirík der Rote hieß ein Mann aus dem Breiðafjord, der von hier hinausfuhr und dort Land nahm, wo es seither Eiríksfjord heißt. Er gab dem Land einen Namen und nannte es Grönland, denn er meinte, die Leute würden darauf drängen, dorthin zu fahren, wenn das Land einen guten Namen habe. Sie fanden dort menschliche Unterkünfte sowohl im Osten wie im Westen des Landes, Bruchstücke von Fellbooten und Steinmauern, wovon man erkennen kann, dass dort derartige Leute hingekommen waren, die Vinland besiedelt hatten und welche die Grönländer Skrælingar nennen. Als er begann, das Land zu besiedeln, war das vierzehn oder fünfzehn Jahre bevor das Christentum hierher nach Island kam, laut dem, was einer, der selbst Eirik dem Roten dorthin gefolgt war, dem Þorkell Gellisson in Grönland erzählte.» (Ari fróði: *Íslendingabók*, Kap. 6)[10]

Diese historische Information aus dem «Buch über die Isländer» des isländischen Gelehrten Ari Thorgilsson ist die älteste Erwähnung Grönlands und Vinlands in isländischen Quellen, und sie wurde wohl zwischen 1120 und 1125 niedergeschrieben, also ein gutes Jahrhundert nach den Ereignissen und offenbar nach den Berichten eines Augenzeugen. Die Angaben sind knapp und sagen nichts über die Reisen selbst.

Weitere Informationen über die Fahrten der Nordleute nach Vinland finden sich in zwei Sagas aus dem Altisländischen (oder Altnordischen), die sich unter anderem mit den sagenhaften Entdeckungsreisen der Seefahrer in die Neue Welt beschäftigen. Dies sind die *Eiríks saga rauða* («Saga von Eirik dem Roten») und die *Grænlendinga saga* («Saga von den Bewohnern Grönlands»), die man heute gemeinsam als die Vinland-Sagas bezeichnet, da sie sich beide mit der Erforschung des neuentdeckten Kontinents beschäftigen.

Als Sagas bezeichnet man längere altnordische Texte, die vornehmlich im mittelalterlichen Island entstanden sind, auch wenn es vereinzelte Beispiele aus Norwegen gibt. Die volkssprachlich und in Prosa abgefassten Sagas umfassen die ganze Bandbreite der mittelalterlichen europäischen Literatur, von Heiligenleben bis zu Prosafassungen der Artusepen, von Heldensagen und phantastischen Wikingergeschichten bis zu ausführlichen Erzählungen über die Händel und Fehden zwischen isländischen Bauern, die wir heute als Isländer-Sagas bezeichnen. Sagas sind dabei alles andere als Geschichtsschreibung, auch wenn etliche der Geschichten über isländische Großbauern des 10. Jahrhunderts und die norwegischen Könige durchaus einen historischen Kern enthalten. Durch die literarische Ausgestaltung und Veränderungen, welche die historischen Kerne auf dem Weg der mündlichen Überlieferung bis zur Sagaschreibung des 13. Jahrhunderts erfuhren, ist der historische Gehalt dieser Quellen allerdings von sehr unterschiedlicher Verlässlichkeit, sodass man Sagas am besten als eine Art historischen Roman betrachtet.

Die Saga von Erich dem Roten handelt zuerst einmal von der Entdeckung und Besiedelung Grönlands durch den notorischen Totschläger Eirik den Roten, altnord. Eirík rauði, der es als einer der wenigen Wikinger zu einem gängigen deutschen Namen, Erich der Rote, gebracht hat. Eirik der Rote und sein Vater Thorvaldr sind Norweger, die wegen einer Fehde nach Island auswandern, wo Eirik dann aber wegen eines Totschlags geächtet, das heißt des Landes verwiesen wird; er erkundet daraufhin das noch unbekannte Grönland und lässt sich mit anderen isländischen Auswanderern dort nieder. Eiriks Sohn Leif, vom norwegischen König Olaf Tryggvason zum Christentum bekehrt, kommt auf der Heimfahrt von Norwegen nach Grönland vom Kurs ab und wird nach Süden abgetrieben, wo er auf ein Land mit wildem Weizen und Weinreben stößt – Vinland. Auf dem Rückweg nach Grönland hilft er einer Gruppe Schiffbrüchiger, was ihm den Beinamen «der Glückliche» einbringt. Seine Mutter und viele andere der Kolonisten lassen sich von ihm zum Christentum bekehren, nur sein Vater mag damit nichts zu tun haben. Auch Leifs Bruder Thorstein sucht später nach Vinland, aber seine Suche bleibt erfolglos. Als er bald darauf stirbt, heiratet seine Witwe Gudrid einen neu in Grönland angekommenen Isländer vornehmer Abstammung, Thorfinn Karlsefni, der sich in der Folge mitsamt seiner Frau und seiner Schwester auf die Suche nach Vinland macht. Sie finden das Land, erkunden es und werden in Kämpfe mit den eingeborenen Indianern verwickelt, woraufhin sie nach Grönland und schließlich Island zurückkehren. Die Saga schließt mit einer Aufzählung der Nachkommenschaft von Thorfinn und Gudrid, worunter sich nicht weniger als drei isländische Bischöfe des 12. Jahrhunderts befinden, die als Informanten für die Saga in Frage kommen, der letzte (gest. 1201) könnte sogar der Auftraggeber für die Schrift gewesen sein.

Etwas komplexer, und teilweise mit beträchtlichen Abweichungen, wird dieselbe Geschichte in der «Saga von den Bewohner Grönlands» beschrieben, welche ja, gemäß ihrem Titel, in erster Linie eine Geschichte der Siedler Grönlands ist. Leider ist der Beginn des Werkes verloren. Der erhaltene Text beginnt nicht mit Leif Eiriksson, dem Sohn von Eirik dem Roten, sondern mit einer Reise Bjarni Herjulfssons, der zufällig unbekanntes Land im Westen von Grönland sichtet. Zurück in Grönland kauft Leif das Schiff des Bjarni und unternimmt damit die erste Vinland-Expedition. Auf einer zweiten Fahrt, die Leifs Bruder Thorvald unternimmt, wird dieser von den Eingeborenen Vinlands erschlagen, worauf die dritte Expedition von Thorfinn Karlsefni – in dieser Version der Geschichte ist er ein Verwandter von Leif – unternommen wird. Eine vierte und letzte Fahrt wird von Leifs Schwester Freydis organisiert, diese endet jedoch in einer Katastrophe, weil Freydis die Hälfte der Siedler umbringen lässt. Als dies in Grönland ruchbar wird, kehrt Thorfinn nach Island zurück, wobei hier dann wieder seine vornehme Nachkommenschaft erwähnt wird.

Welche Saga hat nun die Ereignisse richtig wiedergegeben? Ist das überhaupt noch herauszufinden? Beide Texte stammen aus dem frühen 13. Jahrhundert, doch es ist nicht mit Sicherheit zu sagen, welcher der ältere ist. Die Darstellungen weichen sowohl in Zahl und Namen der handelnden Personen als auch in Zahl und Verlauf der Expeditionen voneinander ab, sodass eine Synopse aus beiden nicht möglich ist. Deshalb ist es sinnvoll, die beiden Geschichten getrennt voneinander zu betrachten und zu untersuchen, was u. U. darin einen Kern von Ereignissen bildet, den beide gemeinsam haben.

a) Eiríks saga rauða

Die etwas umfangreichere und wohl auch vollständig erhaltene Saga von Eirik dem Roten setzt nach einer kurzen historisch-genealogischen Einleitung in typischer Manier einer Saga mit den Vorfahren und dem Grund der Auswanderung nach Island ein – was sich in der «Saga von den Grönländern» ganz ähnlich findet.

> «Thorvald hieß ein Mann, der Sohn von Asvald, dem Sohn von Ulf, dem Sohn von Ochsen-Thorir. Eirik der Rote hieß sein Sohn, und Vater und Sohn wanderten wegen eines Totschlags von Jaeren [im südwestlichsten Norwegen] nach Island aus und nahmen sich Land an den Hornstränden und wohnten auf Drangar.» (*Eiríks saga rauða,* Kap. 2)[11]

In Island ist Eirik erneut in zwei Totschläge und andere Rechtshändel verwickelt und wird schließlich auf drei Jahre geächtet, woraufhin er die Insel vom äußersten Westen aus verlässt und das schon Jahrzehnte früher von einem gewissen Gunnbjörn gesichtete Grönland aufsucht. Hier verbringt er die drei Jahre seiner Acht und erforscht das vorher unbekannte Grönland. Nach seiner Rückkehr wirbt er andere Siedler zur Besiedlung des neuen Landes an:

> «Diesen Sommer brach Eirik auf, um dieses Land zu besiedeln, dass er gefunden und Grönland [«Grünes Land»] genannt hatte, weil er sagte, die Leute würde es eher dorthin ziehen, wenn es einen schönen Namen hätte. (So sagt Ari Thorgilsson, dass in jenem Sommer 25 Schiffe aus dem Breidafjord und Borgarfjord aus Island aufbrachen, aber nur 14 ankamen: einige trieb es zurück, aber einige scheiterten.») (*Eiríks saga rauða*, Kap. 2)[12]

Nach diesem schlechten Start vergehen nur wenige Jahre, für die in der Saga die Ereignisse in Island um die spätere Protagonistin Gudrid beschrieben werden, bis es in Grönland eine Hungersnot gibt. Diese dauert den ganzen Winter an und schließlich soll sich folgende eigenartige Episode abgespielt haben:

> «Zu dieser Zeit herrschte auf Grönland große Hungersnot. Die Männer, die zur Jagd und auf Fischfang ausgezogen waren, hatten wenig Beute gemacht, und einige kamen gar nicht zurück. Eine Frau war dort in der Gegend, die Thorbjörg hieß; sie war eine Seherin [*spákona*] und wurde Lítilvölva [«Kleine Seherin»] genannt. Sie hatte neun Schwestern gehabt, die allesamt auch Seherinnen waren, aber sie allein lebte noch als Einzige. Im Winter war es Thorbjörgs Gewohnheit, zu Festen zu gehen, denn die meisten Leute luden sie deswegen ein, weil sie neugierig darauf waren zu erfahren, wie es ihnen ergehen würde und der Ernte des Jahres. Weil nun Thorkell, der bedeutendste Bauer, da war, meinte man, es sei seine Sache herauszufinden, ob diese anhaltenden Missstände dem Ende nahe seien. Thorkell lud die Seherin zu sich ein, und sie wurde dort gut empfangen, wie es sich sich für den Empfang von dieser Art Frau gehörte. Für sie war ein Hochsitz hergerichtet worden, auf dem ein Polster lag, der mit Hühnerfedern gefüllt sein musste. Als sie am Abend mit dem Mann, den man nach ihr geschickt hatte, eintraf, war sie so angezogen, dass sie einen schwarzen Mantel trug, der bis zum Saum komplett mit Steinen besetzt war; sie trug Glasperlen um den Hals und eine schwarze Lammfellhaube, innen mit weißem Katzenfell, auf dem Haupt. Sie hatte einen Stab in der Hand, auf dem sich ein Knauf befand. Er war aus Messing und mit Steinen besetzt. Sie war mit einem Zundergürtel gegürtet, an dem ein großer Lederbeutel hing, in der sie ihre Zaubergegenstände aufbewahrte, die sie zur Weissagung brauchte. Sie trug zottelige Kalbfellschuhe mit langen Schuhbändern mit großen Zinnknöpfen an den Enden. An den Händen trug sie Handschuhe aus Katzenfell, die innen weiß und haarig waren. Als sie eintrat, dachten alle Menschen, sie angemessen begrüßen zu müssen. Sie antwortete so darauf, wie ihr die Leute jeweils zu Gesicht standen.

Der Bauer Thorkell nahm sie bei der Hand und führte sie zu dem Sitz, der für sie hergerichtet worden war. Thorkell bat sie, einen Blick auf Kind und Kegel zu werfen und auch auf das Haus, aber sie sagte wenig dazu. Am Abend wurden Tische aufgestellt, und es gibt Folgendes zu berichten, was für die Seherin zubereitet orden war: Ihr wurde ein Grießbrei aus Ziegenmilch gemacht und die Herzen von allen dort vorhandenen Tieren zubereitet. Sie hatte einen Messinglöffel und ein Messer mit einem Griff aus Walrosszahn, der mit zwei Kupferringen gefasst war und an der Spitze abgebrochen. Als die Tische abgetragen worden waren, trat der Bauer Thorkell vor Thorbjörg und fragte sie, was sie davon denke, was sie sähe, oder wie ihr das Haus und die Sitten der Leute gefielen, oder wie schnell sie es wissen werde, wonach er sie gefragt hat und wonach die Leute am neugierigsten waren. Sie antwortete, sie könne es nicht vor dem Morgen sagen, nachdem sie zuvor die Nacht geschlafen hätte.

Aber am nächsten Tag gegen Abend traf man für sie alle Vorbereitungen, die sie zur Ausführung des Zaubers brauchte. Sie bat, auch die Frauen zu holen, die die Kunst beherrschten, die man zum Zauber braucht und Varðlokur heißt. Da wurde in der Siedlung gesucht, ob das jemand konnte. Da sagte Gudrid: ‹Ich bin weder zauberkundig noch eine Seherin, aber mich lehrte trotzdem Halldis, meine Ziehmutter, auf Island das Gedicht, das sie Varðlokur nannte.› Thorkell sagte: ‹Dann besitzt du nützliches Wissen.› Sie sagte: ‹Das ist aber ein Vorgang, bei dem ich nicht vorhabe mitzumachen, denn ich bin eine Christin.› Thorbjörg sagte: ‹Es könnte doch sein, dass du den Menschen hier nützlich sein würdest, aber du wärst dadurch keine schlechtere Frau als vorher. Aber von Thorkell möchte ich alles bekommen, was man braucht.› Thorkell drängte nun Gudrid so lange, bis sie zusagte, das zu tun, was er wollte. Dann bildeten die Frauen einen Kreis um das Gestell, auf dem Thorbjörg saß. Gudrid sagte nun das Gedicht so schön und gut auf, dass keiner dachte, das Gedicht jemals mit schönerer Stimme vorgetragen gehört zu haben als nun hier. Die Seherin dankte ihr für das Gedicht und sagte, viele Geister hätten sie nun aufgesucht und hätten das schön zu hören gefunden, als

> das Gedicht so gut vorgetragen wurde, ‹die uns vorher gemieden und uns nicht gehorchen wollten›. ‹Aber nun sind mir viele Sachen klarer, die mir und anderen zuvor verborgen waren. Aber so kann ich dir, Thorkell, sagen, dass diese Hungersnot nicht länger als den Winter über andauern und der Ertrag im Frühjahr besser werden wird. Die Seuche, die so lange gedauert hat, wird früher zu Ende sein als erwartet.›» (*Eiríks saga rauða,* Kap. 4)[13]

Diese Szene, die einer schamanistischen Séance bei den Sami wohl näher steht als einer wikingerzeitlichen Zauberei (*seiðr*), findet sich in der Saga wohl am ehesten, um Gudrid zu charakterisieren, die später noch eine große Rolle in der Geschichte spielen wird. Hier zeigt sich, dass diese Christin, obwohl der Zaubersitzung abgeneigt, sich doch zur Mitwirkung bereiterklärt, um dem Hausherrn zu gehorchen und anderen zu helfen.

Danach kehrt die Geschichte zu Eirik dem Roten zurück und berichtet von seiner Ehe mit Thjodhild und seinen beiden Söhnen Thorstein und Leif. Als die Söhne erwachsen sind, reist der eine, Leif, nach Norwegen zu König Olaf Tryggvason. [...] Auf dem Hinweg wird er auf Höhe der Hebriden westlich von Schottland vom Kurs abgetrieben und muss einen Teil des Sommers dort verbringen. Er verliebt sich in eine Frau namens Thorgunna, die von ihm schwanger wird und eine Vorhersage über das Schicksal des gemeinsamen Sohnes abgibt, bevor Leif nach Norwegen weiterreist.

Bei König Olaf steht er in hohen Ehren und bekommt von diesem schließlich den Auftrag, Grönland zu christianisieren:

> «[Leif] sagte, der König habe zwar das Sagen, aber er halte dieses Vorhaben in Grönland für recht schwierig. Doch der König meinte, es gäbe keinen tüchtigeren Mann für diese Aufgabe als Leif, ‹und dein Glück wird Dir beistehen›. ‹Falls das so ist›, meinte Leif, ‹dann nur, weil ich Eures mithabe.›
>
> Leif stach in See, war lange draußen und traf schließlich solche Länder, von denen er vorher keine Ahnung hatte. Dort waren wilde Weizenäcker, und Weinreben wuchsen da. Dort gab es die Bäume, die Ahorn heißen, und sie nahmen von all dem Proben

> mit. Manche Bäume waren so groß, dass man sie zum Hausbau verwenden konnte. Leif fand dann Menschen in einem Schiffswrack und nahm sie mit nach Hause. Darin wie in anderen Dingen zeigte er Großherzigkeit und Tapferkeit, als er als Christ ins Land kam, und er wurde deswegen fortan ‹Leif der Glückliche› [*Leifr inn heppni*] genannt.
>
> Nachdem Leif seinen Landfall im Eirksfjord gemacht hatte, zog er heim nach Brattahlid, und alle nahmen ihn freundlich auf. Er begann schnell das Christentum und den wahren Glauben im Land zu verbreiten und brachte den Leuten die Botschaft des Königs Olaf Tryggvason und berichtete ihnen, wie viel Ehre und wie großen Wert dieser Glauben habe.» (*Eiríks saga rauða,* Kap. 5)[14]

Nur Eirik weigert sich, das Christentum anzunehmen, doch sonst verbreitet sich der neue Glaube rasch. Die Tatsache, dass Leif den Beinamen ‹der Glückliche› nach seiner Rettung der Schiffbrüchigen – notabene auch vor der amerikanischen Küste! – bekommt, erfüllt in dieser Geschichte hier die Vorhersage des (von den Isländern wie ein Heiliger verehrten) Königs Olaf Tryggvason.

Nun, so die Saga weiter, will man von Grönland aus das Land suchen, das Leif entdeckt hat, und die treibende Kraft dahinter ist Leifs Bruder Thorstein Eiriksson. Er überredet seinen Vater Eirik, auf die Expedition mitzukommen, doch sie werden abgetrieben, kommen sogar in Sichtweite Islands und in die Nähe Irlands. Das neue Land aber finden sie nicht, und so müssen sie unverrichteter Dinge nach Grönland zurückkehren.

Im Folgenden berichtet die Saga, wie Thorstein Eiriksson Gudrid heiratet, jedoch bald darauf in Grönland an einer Seuche stirbt, wobei er seiner Frau Gudrid ihr Leben vorhersagt, das durch christliche Werte geprägt sein würde: weitere Ehe, Kirchenbau, Pilgerfahrt und Nonnendasein; in der *Eiríks saga* wird ihr Glaube und zudem ihre vorbildliche Rolle als unterwürfige Frau betont. Dieser Abschnitt wirft zudem ein bezeichnendes Licht darauf, wie man in einem Land kurz nach der Christianisierung, als es noch keine geweihten Friedhöfe und so gut wie keine Priester gab, mit den Toten umging:

> «Nach der Annahme des Christentums war es in Grönland Brauch gewesen, die Toten auf den Höfen, wo sie gestorben waren, in ungeweihter Erde zu bestatten. Auf die Brust des Toten sollte ein Pfahl gesetzt werden und später, wenn ein Priester vorbeikam, musste der Pfahl herausgezogen und Weihwasser hineingegossen und das Requiem gesungen werden, auch wenn das sehr viel später wäre.» (*Eiríks saga rauða*, Kap. 6)[15]

In der Folge kommt neben einer Schiffsladung Isländer unter der Führung von Bjarni und Thorhall auch der reiche Thorfinn Karlsefni mit einem Schiff und 40 Männern in Grönland an, und nach einiger Zeit wirbt dieser um die nun verwitwete Gudrid und heiratet sie im Jahr darauf. Nach der Saga über Eirik den Roten unternehmen die Grönländer nun einen weiteren Anlauf zur Suche nach Vinland, diesmal mit den beiden großen Schiffen, die zuvor aus Norwegen gekommen waren: eines unter Thorfinn Karlsefni, das andere mit Eiriks drittem Sohn Thorvald und seinem Schwiegersohn Thorvard, der Eiriks uneheliche Tochter Freydis geheiratet hatte. Insgesamt berichtet die Geschichte von 160 Personen, die an der Expedition teilnahmen, für uns ein Hinweis darauf, dass es mehr als nur die zwei genannten Schiffe waren, die ausliefen, und dass die Seefahrer aus Grönland wohl eine neue Siedlung gründen wollten. In der Saga heißt es dann:

> «Sie segelten zuerst zur Westsiedlung und dann zur Båreninsel. Von dort fuhren sie zwei Tage nach Süden, wo sie Land fanden, die Boote klarmachten und das Land erkundeten. Da fanden sie große Steinplatten, manche 12 Ellen breit, und zahlreiche Füchse. Dieses Land nannten sie Helluland [«Flachsteinland»]. Dann fuhren sie wieder zwei Tage und hielten nach Südosten und fanden ein starkbewaldetes Land mit viel Wild. Dort lag nach Südosten eine Insel davor, wo sie einen Bären töteten und sie danach Båreninsel nannten. Dann segelten sie lange das Land entlang nach Süden und kamen zu einer Landzunge, mit dem Land an Steuerbord. Dort waren lange Strände und Sande. Sie ruderten an Land und fanden auf der Landzunge einen Schiffskiel und nannten es

dort Kjalarnes [«Kiellandzunge»]. Sie benannten auch die Strände, nämlich Furdustrandir [«Wunderstrände»], weil man so lange an ihnen entlangsegelte. Dann wurde das Land eingebuchtet, und in eine Bucht fuhren sie hinein.

König Olaf hatte Leif zwei Schotten mitgegeben, der Mann hieß Haki und die Frau Hekja, die liefen schneller als das Wild, und sie waren mit auf dem Schiff von Karlsefni. Als sie nun an den Furdustrandir vorbeigesegelt waren, ließen sie die beiden Schotten an Land und hießen sie, nach Süden zu laufen, um das Land zu erkunden, und zurückzukommen, nachdem 3 Tage vergangen waren. [...] Sie warteten dort diese Frist ab. Als sie zurückkamen, hatte einer eine Weintraube und der andere eine Ähre vom wilden Weizen in der Hand. Sie gingen nun an Bord und segelten weiter. Sie segelten in einen Fjord hinein, da lag eine Insel draußen davor, um die eine starke Strömung floss, und deswegen nannten sie die Straumey [«Strömungsinsel»]. Da gab es so viele Eiderenten auf der Insel, dass man vor lauter Eiern kaum gehen konnte. Sie nannten es dort Straumfjord [«Strömungsfjord»]. Sie brachten da die Ladung von den Schiffen und richteten sich da ein. Sie hatten alle möglichen Tiere mit. Das Land war schön, und sie taten nichts, als es zu erkunden. Sie überwinterten dort, obwohl im Sommer dafür nicht vorgesorgt worden war. Die Jagd lief schlechter, und es war schlecht um Nahrungsmittel bestellt. – Da verschwand Thorhall der Jäger. Zuvor hatten sie Gott um Essen angefleht, aber das kam nicht so schnell, wie sie es zu brauchen glaubten. Sie suchten Thorhall drei Tage lang, und am vierten fanden ihn Karlsefni und Björn oben auf einer Felsklippe. Er starrte mit offenen Augen in den Himmel, Mund und Nasenlöcher weit geöffnet, und er murmelte etwas. Sie fragten ihn, wie er da hingekommen wäre, er aber antwortete, das ginge sie nichts an. Sie hießen ihn, mit ihnen heimzugehen, was er auch tat. Wenig später wurde da ein Wal angeschwemmt, und sie gingen hin und zerteilten ihn, obwohl keiner wusste, was für ein Wal das war. Nachdem die Köche ihn gesotten hatten, aßen sie davon, und allen wurde schlecht davon. Da sprach Thorhall: ‹War jetzt der Rotbärtige [gemeint ist der Gott Thor] nicht tüchtiger als Euer Christus? Ich hab das nun für

> meine Dichtung, die ich auf Thor, meinen Vertrauten, gemacht habe; selten hat er mich im Stich gelassen.› Als die Leute das hörten, warfen sie das ganze Walfleisch weg und sandten ihre Gebete zu Gott. Da wurde das Wetter besser, sodass sie zum Fischen rudern konnten, und es mangelte ihnen dann nicht an Fang, denn sie hatten Wild an Land und Eier auf der Inseln und Fische aus dem Meer.» (*Eiríks saga rauða*, Kap. 8)[16]

Nach dieser Auseinandersetzung zwischen dem heidnischen Thorhall und den anderen, christlichen Fahrtgenossen, welche nicht zuletzt deren Glaubensstärke hervorheben soll, entzweien sich Thorhall und die anderen endgültig über den weiteren Fortgang der Reise: Während Thorhall mit einem der Schiffe und nur neun Mann (vielleicht sind damit weitere Gegner des Christentums impliziert?) in Richtung Furdustrandir und Kjalarnes aufbricht, um dort weiter nach Vinland zu suchen, wenden sich die anderen wieder nach Süden, offenbar auch jetzt noch mit mehreren Schiffen. Kurz nur wird von Thorhall berichtet, dass dieser von einem starken Westwind nach Irland getrieben, dort versklavt wird und schließlich ums Leben kommt: Kurzum, es nimmt ein böses Ende mit diesem unchristlichen «Götzenverehrer».

Die anderen segeln lange weiter nach Süden, bis sie zu einem Fluss kommen, der aus einem See ins Meer fließt. Vor der Mündung liegen ausgedehnte Sandbänke, sodass sie erst bei Flut in den Fluss einfahren können. Dort gibt es dann alles im Überfluss, wilden Weizen und Wein, reichlich Wild und Fische, aber sie treffen auch das erste Mal auf Einheimische in gepaddelten Fellbooten. Diesen Ort nennen sie Hop (altnord. *Hóp* heißt «Haff», aber auch das altnordische Wort *hop* «Hoffnung» mag hier mitgeschwungen haben). Nachdem sie dort bei milden Temperaturen überwintern, kommt es zu weiteren Kontakten und schließlich zu Kämpfen mit den Einheimischen, die in der Saga hier wie andernorts als *Skrælingar* «Eskimos, Inuit» bezeichnet werden, obwohl es sich um Indianer gehandelt haben dürfte. Bei den Kämpfen fallen zwei der Grönländer und etliche Eingeborene; erst die schwangere Freydis, die ihre nackten Brüste zeigt und mit dem Schwert darauf schlägt, kann die Angreifer in die Flucht schlagen.

Die Siedler verlassen noch im selben Sommer Hop und kehren nach Straumfjord zurück, wo angeblich eine 100 Personen starke Gruppe um Bjarni und Gudrid zurückgeblieben war und es nun an nichts mangelt.

Erst jetzt macht sich Thorfinn Karlsefni auf die Suche nach Thorhall. Er stößt weiter nördlich auf dicht bewaldetes Land und legt dort in einer Flussmündung an, wo sich dann etwas Eigenartiges zuträgt:

> «Eines Tages sahen sie etwas auf der entfernten Seite der Lichtung glänzen und riefen es an. Es bewegte sich und erwies sich als Einfüßler, der zum Flussufer hinunterhopste, wo sie angelegt hatten. Thorvald, der Sohn Eiriks, saß am Steuer, und der Einfüßler schoss ihm einen Pfeil in den Unterleib. Thorvald zog den Pfeil heraus und sagte: ‹Fett ist die Wampe. Wir haben ein gutes Land zur Versorgung gefunden, aber wir werden es kaum nutzen können.› Thorvald starb dann kurz darauf an seiner Wunde.» (*Eiríks saga rauða,* Kap. 12)[17]

Diese kleine Anekdote ist nicht ganz so absurd, wie sie uns auf den ersten Blick erscheinen mag. Die sogenannten Einfüßler (Unipeden, meist als Skiopoden «Schattenfüßler» bezeichnet), also Mitglieder eines Volkes mit nur einem, dafür aber sehr großen Fuß, die sehr schnell laufen können und mit Pfeil und Bogen Tiere im Lauf jagen, zählen zum Standardinventar mittelalterlicher gelehrter Völkerkunde und Geographie.[18] Sie werden ausschließlich in Afrika oder dem unbekannten Südkontinent verortet, und diese Vorstellung liegt offenbar auch dieser Stelle zugrunde: Die *Eiríks saga* setzt hier mit erzählerischen Mitteln um, was sich ebenso in den gelehrten isländischen Texten aus dem Mittelalter finden lässt, dass nämlich manche Leute glauben, dass Vinland im Süden mit Afrika zusammenhinge (s. Kap. 8).

Der einfüßige Bogenschütze zeigte also dem mittelalterlichen Leser, wie weit die Expedition schon nach Süden vorgedrungen war.

Thorfinn Karlsefni fährt nach dieser Episode zurück nach Straumfjord, wo die Expeditionsteilnehmer den dritten Winter verbringen. Hier wurde im ersten Herbst Snorri geboren, der Sohn von Thorfinn

Einfüßler (Skiopode) aus Hartmann Schedel: Cosmographia universalis, 1493

Karlsefni und Gudrid. Er ist damit der erste in der Neuen Welt geborene Skandinavier. Nun kommt es allerdings zu Streitigkeiten unter den Männern, da es zu wenige Frauen gibt. Nach drei Jahren segeln die skandinavischen Siedler, die ihre Siedlung in Straumfjord offenbar für Vinland halten, zurück nach Norden: zuerst nach Markland, wo sie zwei Kinder von Eingeborenen fangen und mitnehmen, und dann weiter zurück nach Grönland.

Im darauffolgenden Jahr, so berichtet die Saga von Eirik dem Roten, ziehen Thorfinn Karlsefni und Gudrid zurück nach Island, an dieser Stelle wird dann die schon erwähnte illustre Nachkommenschaft der beiden mit drei Bischöfen aufgezählt. Dass zu dieser Nachkommenschaft auch der Abt des Benediktinerklosters Munkathverá zählt, wird in dieser Aufzählung wichtiger isländischer Persönlichkeiten gar nicht erst erwähnt – ebenso wenig wie der Richter Haukr

Erlendsson, Verfasser der Handschrift *Hauksbók*, in der die Saga wohl um 1306–08 herum aufgezeichnet wurde, etwa ein knappes Jahrhundert nach ihrer Entstehung, obwohl beides sowohl für die Entstehung als auch für die Überlieferung der Saga wohl von größter Bedeutung war.

b) Grænlendinga saga

Wie schon erwähnt, erzählt die «Saga von den Bewohnern Grönlands» eine etwas andere Geschichte als die «Saga von Eirik dem Roten», sodass wir wohl von vornherein mit zwei Traditionen rechnen müssen, die sich von Beginn des 11. Jahrhunderts an in Grönland entwickelt haben und die mit den Nachfahren der Protagonisten wieder nach Island kamen, wo sie dann mehr als 200 Jahre nach den Ereignissen – also etwa nach 7 Generationen – in ihre erzählerische Form und zu Pergament gebracht wurden.

Worin unterscheidet sich nun die Saga von den Bewohnern Grönlands von der Saga von Eirik dem Roten?

Viel direkter als die *Eiríks saga* steigt die *Grænlendinga saga* mit den Vorfahren Eiriks in die Handlung ein. Schon das erste Kapitel handelt ausführlich von der Entdeckung und Besiedlung Grönlands durch Eirik den Roten, wobei hier auch zahlreiche andere der ersten Siedler in Grönland namentlich erwähnt und ihre Siedlungsgebiete angegeben werden; die Siedler in der Ostsiedlung (also um Eiriks Brattahlid) werden dabei namentlich, die in der Westsiedlung nur summarisch abgehandelt.

Schon das zweite Kapitel erzählt die Geschichte von Bjarni Herjolfsson, dem Sohn eines der Siedler, die mit Eirik nach Grönland gekommen waren. Bjarni kommt aus Norwegen zurück nach Island, erfährt dort, dass sein Vater nach Grönland ausgewandert ist, und beschließt, ihn dort aufzusuchen:

> «Sie stachen dennoch in See, als alles fertig war, und segelten drei Tage, bis das Land [Island] hinter ihnen im Meer verschwunden war, aber dann ließ der Wind nach und sie bekamen Nordwind

und Nebel und wussten nicht, wohin sie fuhren, und das ging viele Tage so. Dann sahen sie wieder die Sonne und konnten die Himmelsrichtungen feststellen. Sie passten nun die Segelstellung an und segelten diesen Tag, bis Land in Sicht kam, und überlegten unter sich, was das für ein Land sein könne, und Bjarni meinte zu wissen, dass dies nicht Grönland sei. Sie fragten, ob er an dieses Land heranfahren wolle oder nicht, und Björn antwortete: ‹Das ist mein Vorschlag, nahe ans Land hinzusegeln.› Sie taten das und sahen bald, dass das Land nicht bergig, sondern mit Wald bewachsen und mit kleinen Hügeln bedeckt war, also ließen sie das Land an Backbord und segelten mit Backbordschoten weiter.

Dann segelten sie zwei Tage, bevor sie ein zweites Land sichteten. Sie fragen, ob Bjarni dies nun für Grönland halte. Bjarni meinte, er halte dies nicht mehr für Grönland als das vorige, ‹weil es in Grönland sehr große Gletscher geben soll.› Sie näherten sich bald diesem Land und sahen, dass es flach und mit Wald bewachsen war. Da verließ sie der Fahrtwind und die Mannschaft meinte, es wäre angeraten, hier an Land zu gehen. Aber Bjarni wollte das nicht. Sie meinten sowohl Holz wie Wasser zu brauchen. ‹Nichts davon ermangeln wir›, sagte Bjarni, aber er bekam dafür Gegenrede von seiner Mannschaft. Er hieß sie Segel setzen, und so geschah es, und sie wandten den Bug vom Land weg. Nun segelten sie drei Tage bei Südwestwind und sahen schließlich ein drittes Land, aber dieses Land war hoch und gebirgig und von Gletschern bedeckt. Sie fragten jetzt, ob Bjarni da anlegen wolle, und er sprach, er wolle das nicht – ‹weil mir dieses Land ziemlich unzugänglich erscheint›.

Nun bargen sie das Segel gar nicht, sondern steuerten das Land entlang und sahen, dass es eine Insel war, und fuhren mit demselben Wind aufs Meer hinaus. Nun nahm der Wind zu, und Bjarni hieß sie reffen und nicht härter zu segeln, als das Schiff und das Rigg es aushielten. Nun segelten sie vier Tage, und dann sahen sie das vierte Land. Da fragten sie Bjarni, ob das nun Grönland sei oder nicht. Bjarni antwortete: ‹Das ist am ähnlichsten dem, was man mir von Grönland erzählt hat, und wir wollen nun hier an Land gehen.› Das taten sie und legten am Abend an einer Landzunge an, und dort lag ein Boot auf der Landzunge. Denn da

> wohnte Herjolf, der Vater Bjarnis, an dieser Landzunge, wovon es seinen Namen hat und seither Herjolfsnes heißt.» (*Grænlendinga saga*, Kap. 2)[19]

Die erste Sichtung der Neuen Welt wird hier nicht Leif Eiriksson, sondern Bjarni Herjolfsson zugeschrieben. Der fuhr danach zurück nach Norwegen, wo er dafür gerügt wird, die neuentdeckten Länder nicht erkundet zu haben. Er kehrt ein Jahr später nach Grönland zurück, wo ihm Leif Eiriksson sein Schiff abkauft.

Leif bricht nun mit diesem Schiff und 35 Mann Besatzung zur ersten Expedition auf, die das amerikanische Festland betreten soll, und diese Fahrt wird in der *Grænlendinga saga* ausführlich beschrieben:

> «Sie richteten nun das Schiff her und stachen in See, sobald sie bereit waren, und fanden zuerst das Land, das Bjarni und seine Leute zuletzt gefunden hatten. Sie segelten zum Land und warfen den Anker und machten die Boote klar und gingen an Land, wo sie kein Gras sahen. Auf allen Seiten lagen große Gletscher, und von den Gletschern bis zum Meer schien es wie eine einzige Steinplatte, und es schien ihnen, dass dieses Land ganz unfruchtbar wäre. Da sprach Leif: ‹Man soll uns nicht dasselbe nachsagen wie Bjarni, dass wir dieses Land nicht betreten hätten. Ich will dem Land nun einen Namen geben und es Helluland [«Flachsteinland»] nennen.› Dann kehrten sie aufs Schiff zurück. Danach segelten sie auf dem Meer und fanden ein zweites Land. Wieder fuhren sie an die Küste und warfen den Anker, machten sodann die Boote klar und gingen an Land. Das Land war flach und von Wald bewachsen, mit weißen Stränden, wo sie waren, und zum Meer flach abfallend. Da sprach Leif: ‹Dieses Land soll einen angemessenen Namen kriegen und Markland [«Waldland»] genannt werden.› Dann gingen sie rasch wieder zum Schiff hinunter. Nun segelten sie von dort bei Nordostwind aufs Meer hinaus und waren zwei Tage unterwegs, bevor sie Land sahen, und segelten zum Land und kamen zu einer Insel, die nördlich des Lands lag, und gingen dort hinauf und sahen sich bei gutem Wetter um.» [Fortsetzung des Zitats wie auf Seite 11] (*Grænlendinga saga,* Kap. 3)[20]

Auch hier ist es also Leif Eiriksson, der als Erster den Fuß auf den neuen Kontinent setzt, gleichzeitig ist er der Protagonist der ersten ausführlichen Expedition und wird wiederholt mit dem zaudernden Bjarni verglichen.

Leif und seine Mannschaft bleiben nach dieser Schilderung für ein Jahr in Vinland, das hier so beschrieben wird wie Hop in der *Eiríks saga*, ohne dass der Name jedoch genannt wird. Die Männer bauen sich Häuser und Leifs Vorkehrungen werden gelobt. Wie in der anderen Vinland-Saga findet sich ein anekdotenhafter Einschub (in Kap. 4), der allen möglichen – auch abstrusen – Ideen über die Lage von Vinland Nahrung gegeben hat, obwohl er mit Sicherheit auf eine spätere (Fehl-?)Interpretation des Namens Vinland zurückgeht:

> «Eines Abends geschah es, dass ein Mann aus ihrer Gruppe verschwand, und das war ein Südmann [Deutscher] namens Tyrkir. Leif nahm das sehr schlecht auf, denn Tyrkir hatte viele Jahre bei seiner Familie gelebt, und Leif liebte ihn schon als Kind sehr. Er sprach nun heftig auf seine Fahrtgenossen ein und machte sich mit 12 anderen Männern auf, ihn zu suchen. Sie waren aber noch nicht weit vom Haus gekommen, da kam ihnen Tyrkir entgegen, und sie freuten sich über ihn. Leif merkte bald, dass sein Ziehvater recht fröhlich war. Er hatte eine flache Stirn und unruhige Augen, und ein unbedeutendes Gesicht, kleingewachsen und schwächlich, aber ein kunstfertiger Mann in allen möglichen Dingen. Da sprach Leif zu ihm: ‹Wieso kommst Du spät, Ziehvater, und weg von Deinen Fahrtgenossen?› Da redete er zuerst lange auf Deutsch, verdrehte die Augen und schnitt Grimassen, aber sie verstanden ihn nicht. Nach einer Zeit aber sagte er auf nordisch: ‹Ich bin nicht viel weiter gegangen als ihr. Ich kann aber eine Neuigkeit erzählen: Ich habe Weinreben und Weinbeeren gefunden.› – ‹Ist das wahr, mein Ziehvater?›, sprach Leif. ‹Gewiss ist das wahr›, antwortete er, ‹weil wo ich geboren wurde, mangelt es weder an Weinreben noch Weinbeeren.› Nun schliefen sie die Nacht über, aber am Morgen sprach Leif zu seiner Mannschaft: ‹Nun haben wir zwei Aufgaben vor uns, und wir werden abwechselnd einen Tag Weinbeeren lesen oder Weinstöcke ausgraben, oder Bäume

> fällen, sodass das die Ladung für mein Schiff wird.› Das wurde so gemacht, und es wird erzählt, dass ihr Beiboot mit Weinbeeren gefüllt war.» (*Grænlendinga saga*, Kap. 4)[21]

Die Geschichte mit dem Wein klingt, selbst unter Berücksichtigung des damals wärmeren Klimas, an den Haaren herbeigezogen: Dass ein frühmittelalterlicher Deutscher «Türke» heißt, ist schon unwahrscheinlich genug, zudem kann man von einem kurzen Ausflug und dem Genuss von Weinbeeren kaum betrunken werden, und was man mit einer Ladung von Weinreben in Grönland hätte anfangen wollen, ist noch eine ganz andere Frage. Die ganze Episode klingt nach der Erfindung eines Isländers mit herzlich wenig Ahnung von Wein und Weinbau, aber mit der festen Absicht, den Namen Vinland als «Weinland» zu erklären. Später wurde eine Ehrenrettung dieser Stelle mit dem Hinweis betrieben, dass in diesen Breitengraden wilde Beeren wachsen, die auch der Franzose Jacques Cartier, der im 16. Jahrhundert hier landete, als «wilden Wein» bezeichnet habe. Doch um historische Wahrheit geht es bei dieser Anekdote wohl kaum, sondern es geht hier viel eher um die Frage, ob das neue Land Vinland (kurzes i, «Weideland») oder Vínland (langes í, «Weinland») hieß: und da dürfte die isländische Tradition schon vor den Sagaverfassern die Entscheidung getroffen haben, Vinland als «Weinland» in der kollektiven Erinnerung zu verklären.

Wie auch immer, die hier geschilderte Expedition findet sich in der *Eiríks saga* gar nicht, und die Rolle Leif Eirikssons ist für die Entdeckungsgeschichte eine völlig andere. Laut *Grænlendinga saga* kehren die Männer nach dieser Geschichte nach Grönland zurück, und auf dieser Rückfahrt rettet Leif die Schiffbrüchigen und kommt so zu seinen Beinamen.

Auch die folgende Fahrt, von der die *Grænlendinga saga* nur relativ knapp berichtet und die hier Leifs Bruder Thorvald Eiriksson unternimmt, fehlt in der *Eíriks saga* völlig: Thorvald bricht mit 30 Leuten und Leifs Schiff auf, erreicht Vinland und überwintert dort in den Häusern, die Leif gebaut hat (den sogenannten Leifsbudir). Auf einer Erkundungsfahrt weiter nach Südosten beschädigen sie ihr Schiff auf der Landzunge namens Kjalarnes (die hier also beträchtlich weiter südlich liegt). Bei einem Scharmützel mit Eingeborenen in Fellbooten stirbt Thorvald an einem Pfeilschuss, die anderen überwintern noch ein weiteres Mal und kehren dann mit einer Ladung Weinbeeren und Weinreben nach Grönland zurück. Die Gemeinsamkeiten der beiden Sagas beschränken sich darauf, dass die Mannschaft bei einer Expedition, bei der Thorvald Eiriksson durch einen Pfeilschuss starb, Vinland gefunden, mehrfach dort überwintert habe und mit Weintrauben wieder zurückkehrt sei. Laut Grönländer-Saga ist dies die zweite erfolgreiche Expedition, Thorvalds eigene, in der Saga über Eirik ist dies die erste Expedition, und zwar die des Thorfinn Karlsefni.

Danach berichten beide Sagas über die erfolglose Suche Thorstein Eirikssons nach Vinland und über seinen Tod, wobei in beiden Sagas auch einige unheimliche Ereignisse in der grönländischen Westsiedlung zur Sprache kommen, wenn auch mit teilweise abweichenden Namen und Details. Beide Erzählungen enthalten Prophezeiungen des schon verstorbenen Thorstein auf seinem Totenbett, und diese betreffen in beiden Fällen Gudrid.

Berichte über die nächste Expedition, die des inzwischen mit Thorstein Erikssons Witwe Gudrid verheirateten Thorfinn Karlsefni, ist beiden Sagas gemein, allerdings ist dies in der Grönländer-Saga die dritte Fahrt, die Vinland erreicht, während sie in der *Eiríks saga* als erste erfolgreiche Expedition nach Vinland beschrieben wird. In der Geschichte über die Grönländer sind es 60 (statt 160) Personen, die mit Thorfinn aufbrechen und schließlich die Leifsbudir erreichen und dort überwintern, wobei es ihnen an nichts mangelt. Im Frühjahr kommen in dieser Version der Geschichte die Skraelingar, also offenbar die Indianer, und die Begegnung wird ausführlich geschildert:

> «Nach diesem ersten Winter kam der Sommer, und da bemerkten sie Skrælingar, und da kam eine große Schar von Männern aus dem Wald. Da grasten in der Nähe ihre Rinder, und ein Stier fing an, schrecklich laut zu schnauben und zu brüllen. Aber das ängstigte die Skrælingar, und sie liefen samt ihren Lasten davon, aber das waren Felle von Eichhörnchen, Mardern und alle Arten von Tierfellen. Sie wandten sich zum Hof von Karlsefni und wollten

ins Haus, aber Karlsefni ließ die Türen versperren. Keiner verstand die Sprache des anderen. Da nahmen die Skrælingar ihre Bündel herunter, öffneten sie und boten sie an, wobei sie am liebsten Waffen haben wollten, aber Karlsefni verbot, ihnen Waffen zu verkaufen. Nun suchte er auf diese Art eine Lösung, indem er die Frauen anwies, Molkereiprodukte herauszubringen, und sobald sie diese Milcherzeugnisse sahen, wollten sie nur diese kaufen und sonst nichts. Das war nun der Handel mit den Skrælingar, dass sie ihre Einkäufe in ihren Bäuchen wegtrugen, aber Karlsefni und seine Fahrtgenossen behielten die Bündel und die Fellwaren. So trennten sie sich dann. Nun ist davon zu erzählen, dass Karlsefni eine starke Holzpalisade um seinen Hof errichten ließ, und so bereiteten sie sich vor.

Zu dieser Zeit gebar Gudrid, die Frau Karlsefnis, einen Knaben, und der hieß Snorri.

Zu Beginn des zweiten Winters kamen die Skrælingar zurück und waren diesmal viel zahlreicher als zuvor, aber sie hatten die gleichen Waren wie früher. Da sagte Karlsefni zu den Frauen: ‹Nun sollt ihr solche Speisen heraustragen, die vorher am begehrtesten waren, aber nichts anderes.› Als die das sahen, warfen sie ihre Bündel über die Palisade.

Gudrid aber saß im Haus drinnen bei der Wiege ihres Sohns Snorri, und da fiel ein Schatten bei der Tür herein, und eine Frau in einem schwarzen Stoffmantel trat ein, ziemlich klein, ein Band um den Kopf und hellbraunes Haar, blass und so großäugig, dass man noch nie so große Augen in einem Menschenschädel gesehen hatte. Sie ging dorthin, wo Gudrid saß, und sprach: ‹Wie heißt du?›

‹Ich heiße Gudrid, und was ist dein Name?›

‹Ich heiße Gudrid›, sagte die Frau.

Da streckte die Hausfrau Gudrid die Hand nach ihr aus, damit sie sich zu ihr setzte, aber da geschah es gleichzeitig, dass Gudrid einen großen Krach hörte und die Frau verschwunden war, und da war auch einer der Skrælingar von einem Knecht Karlsefnis erschlagen worden, weil er ihre Waffen nehmen wollte. Die liefen nun schnell davon und ließen ihre Kleider und Waren liegen. Keiner hatte die Frau gesehen, außer Gudrid allein.

[...]

Nun kamen die Skrælingar zu der Stelle, die Karlsefni für den Kampf vorgesehen hatte. Nun kam es zur Schlacht, und es fielen viele aus dem Heer der Skrælingar. Ein Mann aus dem Heer der Skrælingar war groß und schön, und Karlsefni meinte, der müsse ihr Häuptling sein. Nun hatte einer der Skrælingar eine Axt aufgehoben, sah sie eine Weile an, schwang sie gegen einen Kameraden und hieb nach ihm, und der fiel sofort tot um. Da nahm der große Mann die Axt, sah sie eine Weile an und warf sie dann ins Meer hinaus, so weit er nur konnte. Sodann flüchteten sie in den Wald, wie jeder nur konnte, und so endete ihre Auseinandersetzung.

Karlsefni und seine Leute blieben den ganzen Winter über dort, aber im Frühjahr verkündete Karlsefni, dass er nicht länger dableiben, sondern zurück nach Grönland fahren wolle. Nun bereiteten sie ihre Reise vor und nahmen von dort viele Wertsachen mit: Weinreben, Beeren und Pelzwaren. Nun stachen sie in See und kamen mit ihrem Schiff wohlbehalten zum Eiríksfjord und verbrachten da den Winter.» (*Grœnlendinga saga*, Kap. 7)[22]

Das Aufeinandertreffen mit den Indianern, die in den Sagas nicht von den grönländischen Inuit unterschieden und wie diese als *skrælingar* bezeichnet werden, sollte wohl einerseits die – historisch korrekte – technische Unterlegenheit der Ureinwohner beleuchten, die kein Eisen kannten, aber andererseits deren zahlenmäßige Überlegenheit, die schließlich (ob nun tatsächlich oder nur in der historischen Reflexion) als Grund für die Aufgabe der Kolonie in Vinland präsentiert wird. Auch hier findet sich übrigens der Verweis auf die mitgebrachten Weinreben und -beeren: Beides ist nur aus einem Unverständnis des Weinbaus heraus zu erklären, denn weder hätten die Weinreben im rauen Klima Grönlands irgendwelchen Sinn gemacht, noch sind Weinbeeren eine geeignete Fracht für wochenlange Schiffsreisen. So sind auch diese Bemerkungen nur als nachträglicher Versuch zu interpretieren, Vinland zu einem Weinland zu stilisieren. –

Während in der *Eiríks saga* die Vinland-Expeditionen mit der Fahrt von Thorfinn Karlsefni und dem Tod von Thorvald ihren Abschluss finden, folgt in der *Grænlendinga saga* noch eine Erzählung über die grausamen Ereignisse auf einer vierten und letzten Expedition, die auf Initiative von Freydis, der unehelichen Tochter von Eirik dem Roten, unternommen wird – ein Ereignis, das in der anderen Saga überhaupt keine Erwähnung findet. Diese Geschichte über eine skrupellose Frau soll hier zur Gänze wiedergegeben werden, weil sie innerhalb der Erzählung schlüssig begründet, warum danach – wir sind mittlerweile nach der Chronologie der Saga etwa im Jahre 1011 – keine weiteren Expeditionen unternommen wurden:

> «Nun wird aufs Neue über eine Fahrt nach Vínland gesprochen, weil man so eine Fahrt sowohl für Reichtum als auch für Ruhm nützlich erachtete. Im selben Sommer, als Karlsefni aus Vínland zurückkam, kam ein Schiff aus Norwegen in Grönland an. Es wurde von zwei Brüdern kommandiert, Helgi und Finnbogi, und diese verbrachten den Winter in Grönland. Die Brüder waren der Herkunft nach Isländer und stammten aus den Ostfjorden.
>
> Nun ist wieder davon zu berichten, dass sich Freydis Eiríksdottir von zu Hause in Gardar auf die Reise machte, um die beiden Brüder zu treffen, Helgi und Finnbogi, und schlug ihnen vor, mit ihrem Fahrzeug nach Vinland zu fahren und die Hälfte aller Werte, die sie dort gemeinsam bekämen, zu behalten. Das sagten sie zu.
>
> Sodann suchte sie ihren Bruder Leif auf und bat ihn, ihr die Häuser zu schenken, die er in Vinland hatte bauen lassen. Er aber sagte wieder das Gleiche, dass er die Häuser herleihen, aber nicht verschenken werde. So war der Vertrag zwischen den Brüdern und Freydis, dass beide Seiten dreißig Kämpfer an Bord haben sollten, und daneben noch Frauen. Aber Freydis brach die Vereinbarung sofort und hatte fünf Mann mehr an Bord und versteckte sie, was die Brüder nicht bemerkten, bis sie in Vinland angekommen waren.
>
> Nun stachen sie in See und hatten abgesprochen, im Flottenverband zu fahren, falls das ginge. Das war auch fast gelungen, aber die Brüder kamen ein wenig früher an und hatten ihre Ausrüstung schon hinauf zu Leifs Häusern getragen. Als dann Freydis

ihren Landfall machte, entluden sie ihr Schiff und trugen ihre Ausrüstung zu den Häusern.

Da sprach Freydis: ‹Wieso habt ihr eure Ausrüstung hier hereingebracht?›

‹Weil wir dachten›, sagten die Brüder, ‹dass alle Abkommen zwischen uns eingehalten würden.›

‹Mir hat Leif die Häuser geliehen›, sagte sie, ‹nicht euch.›

Da sprach Helgi: ‹An Schlechtigkeit kommen wir Brüder mit dir nicht mit.› Sie trugen nun ihre Ausrüstung hinaus und bauten sich eine Hütte, und diese Hütte platzierten sie am Meeresstrand und richteten sich gut ein. Freydis aber ließ Bäume als Ladung für ihr Schiff fällen.

Nun ging es dem Winter zu, und die Brüder schlugen vor, Spiele aufzunehmen und Unterhaltungen zu veranstalten. Das tat man eine Zeitlang, bis die Leute schlecht miteinander auskamen. Da entstand Zwietracht zwischen ihnen, und man gab die Spiele auf, und keiner machte mehr Besuche zwischen den Häusern, und so verging der Winter.

Zeitig eines Morgens stand Freydis auf und zog sich an, ließ aber die Fußbekleidung weg. Aber das Wetter war so, dass es viel Tau gab. Sie zog den Mantel ihres Mannes an und ging dann zur Hütte der Brüder und zur Tür. Aber kurz zuvor war ein Mann hinausgegangen und hatte die Tür nur halb geschlossen. Sie öffnete die Tür und stand dann eine Weile auf der Schwelle und schwieg. Aber Finnbogi lag ganz hinten im Raum und war wach. Er sprach: ‹Was willst du hier, Freydis?› Sie antwortete: ‹Ich will, dass du aufstehst und mit mir hinausgehst, weil ich mit dir reden will.› Das tat er, und sie gingen zu dem Holz, das an der Hauswand lag, und setzen sich dort nieder. ‹Wie gefällt es dir hier?›, sagte sie. Er antwortete: ‹Gut scheint mir der Reichtum des Landes, aber für schlecht halte ich die Spannungen, die zwischen uns herrschen, weil ich finde, dass es dafür keinen Grund gibt.›

‹Du sagst, wie es ist›, sagte sie, ‹und mir scheint das auch so. Aber meine Absicht für dieses Treffen ist es, dass ich mit euch Brüdern die Schiffe tauschen will, denn ihr habt ein größeres Schiff als ich, und ich will von hier fort.›

‹Das kann man machen›, sagte er, ‹wenn du das so gern möchtest.› Damit trennten sie sich, und sie ging heim, aber Finnbogi in sein Bett zurück. Nun stieg Freydis mit kalten Füßen ins Bett, wovon Thorvard aufwachte und fragte, warum sie so kalt und nass sei.

Sie antwortete sehr erregt: ‹Ich bin zu den Brüdern gegangen›, sagte sie, ‹um mit ihnen über das Schiff zu verhandeln, weil ich ein größeres Schiff kaufen wollte. Aber sie nahmen das so übel auf, dass sie mich schlugen und misshandelten, und du, elender Mann, willst weder meine Schande noch deine rächen. Das habe ich nun davon, dass ich aus Grönland weg bin, und ich werde mich von dir scheiden lassen, außer wenn du das rächst!›

Da hielt er ihre Vorwürfe nicht länger aus und hieß seine Männer schnell aufstehen und ihre Waffen nehmen, und das taten sie und gingen sofort zur Hütte der Brüder und gingen zu den Schlafenden hinein und schlugen sie in Fesseln, führten alle Gefesselten hinaus und Freydis ließ jeden erschlagen, der herauskam. Nun waren alle Männer tot, aber die Frauen waren übriggeblieben, weil keiner sie erschlagen wollte. Da sagte Freydis: ‹Gebt mir eine Axt!› Das wurde getan, und dann erschlug sie die fünf Frauen, die da waren, und ging dann von den Toten weg. Nun gingen sie nach diesem Verbrechen zurück zu ihrem Haus, und es war klar, dass Freydis gut von dieser Sache dachte, und sie sprach zu ihrer Genossen: ‹Wenn es uns vergönnt ist, nach Grönland zurückzukommen›, sagte sie, ‹dann werde ich dem Mann nach dem Leben trachten, der etwas von diesen Vorfällen verrät. Wir werden erzählen, dass die hier zurückgeblieben sind, als wir fortfuhren.›

Nun beluden sie zeitig im Frühjahr das Schiff, das den Brüdern gehört hatte, mit allen Wertsachen, die sie bekommen konnten und das Schiff tragen konnte. Sodann stachen sie in See und hatten eine gute Fahrt und kamen früh im Sommer mit ihrem Schiff in den Eiríksfjord. Karlsefni war noch da, aber hatte sein Schiff schon für die Seereise hergerichtet und wartete auf guten Fahrtwind, und die Leute sagen, es sei nie ein reicheres Schiff von Grönland abgefahren als dasjenige, das er befehligte.» (*Grænlendinga saga*, Kap. 8)[23]

Die Wahrheit über das Verbrechen der Freydis und ihres Mannes kommt dann doch heraus, erst durch Gerüchte, dann durch das übereinstimmende Geständnis dreier Männer, aus denen Leif Eiriksson die Wahrheit herauspresst. Er unternimmt nichts gegen seine Halbschwester, doch prophezeit er ihr und ihren Nachkommen keine gute Zukunft.

Dazu kontrastierend geht die *Grænlendinga saga* dann noch auf das glückliche Schicksal von Thorfinn Karlsefni und seiner Frau Gudrid ein, die Grönland auf ihrem reichen Schiff für immer verlassen und zuerst auf ein Jahr nach Norwegen reisen, um sich dann in Nordisland im Skagafjord niederzulassen, wo Thorfinn schließlich als hochgeachteter Mann stirbt. Seine Witwe Gudrid und der in Vinland geborene Sohn Snorri Thorfinnsson wirtschaften weiter, Gudrid pilgerte später «nach Süden», also wohl nach Rom, und bei ihrer Rückkehr hat ihr Sohn Snorri eine Kirche bauen lassen, in der sie als Nonne und Einsiedlerin ihr Leben beschließt und dann als Vorfahrin der schon erwähnten illustren Nachkommenschaft verehrt wird. Die Saga beruft sich abschließend ausdrücklich auf Thorfinn Karlsefni als Informant:

> «Viele Leute stammen von Karlsefni ab, und er wurde mit einer reichen Nachkommenschaft gesegnet. Karlsefni hat die Abenteuer der Männer auf all diesen Fahrten genau berichtet, von denen nun erzählt wurde.» (*Grænlendinga saga*, Kap. 9)[24]

Trotz dieser Wahrheitsbeteuerung und dem Quellenverweis auf Thorfinn als Augenzeugen der Ereignisse wird wohl kaum jemals zu entscheiden sein, welche der beiden Sagas nun die «wahre» Geschichte der Entdeckung Amerikas erzählt. Immerhin wird aus diesem Verweis etwas klarer, warum sich diese Saga nicht direkt auf Eirik den Roten beruft, sondern sich als «Geschichte der Grönländer» ausgibt, obwohl über eine «Geschichte Grönlands» hier herzlich wenig zu finden ist, wenn man einmal von der Aufzählung der mit Eirik ausgezogenen ersten Siedler in einem einzigen Satz am Ende des ersten Kapitels absieht. Thorfinn Karlsefni selbst ist mit Eirik nicht verwandt, hat er doch nur Gudrid, die Witwe von Eiriks verstorbenem Sohn Thorstein, geheiratet. Zudem hat er mit Ausnahme der – je nach Quelle – zwei- oder dreijährigen Expedition nach Vinland kaum mehr als zwei oder drei Winter in Grönland verbracht. Aus Karlsefnis Sicht ist die *Grænlendinga saga* wohl nicht als die «Geschichte der Bewohner Grönlands», sondern eher als «Seine Geschichte mit den Grönländern» zu verstehen.

Es soll dabei auch nicht vergessen werden, dass Thorfinn Karlsefni selbst, falls er wirklich der Informant der Saga war und sein Wissen an seinen Sohn Snorri – der wohl bis etwa 1070 gelebt hat – weitergegeben hat, erst zwischen den Jahren 1007 und 1010 nach Grönland gekommen war und alle davor liegenden Ereignisse nur vom Hörensagen kennen konnte, während seine Frau Gudrid immerhin die erfolglose Expedition des Thorstein Eiriksson miterlebt haben könnte.

Insgesamt sind jedoch einige Eckpunkte der Geschichte hervorzuheben, in denen sich die beiden Sagas weitgehend einig sind, obwohl dies – auf Grund der möglichen gegenseitigen Beeinflussung der Texte und der mündlichen Überlieferung – kein allzu starkes Argument für die Glaubwürdigkeit sein kann:

1. Leif Eiriksson, der Sohn Eiriks des Roten, der zuerst Grönland besiedelt hat, spielt eine wesentliche Rolle bei der Entdeckung Vinlands und nimmt auf jeden Fall an einer Expedition teil.
2. Leifs Bruder Thorstein sucht Vinland vergeblich, er heiratet Gudrid und stirbt dann in der Westsiedlung an einer Seuche.
3. Leifs zweiter Bruder Thorvald reist nach Vinland und kommt durch einen Pfeilschuss ums Leben.
4. Thorfinn Karlsefni aus Norwegen heiratet Thorsteins Witwe Gudrid.
5. Thorfinn Karlsefni leitet die erfolgreichste und größte Expedition mit mehreren Schiffen nach Vinland, muss aber nach zwei oder drei Jahren wegen der Kämpfe mit den Eingeborenen aufgeben und kommt mit Holz und Früchten zurück.
6. Vinland bietet bei vernünftiger Vorsorge alles zum Überleben Notwendige, auch Winterweiden, Wild und reichen Fischfang.
7. Gudrid erweist sich schon in der Frühzeit des Christentums in Grönland trotz diverser Anfechtungen als gute Christin.

8. Von Thorfinn Karlsefni und Gudrid stammt in Island eine umfangreiche und berühmte Nachkommenschaft ab, die zahlreiche Kirchenmänner und Gelehrte umfasst.

Unter diesen gelehrten Klerikern Islands wird man wohl auch die Auftraggeber, vielleicht sogar die Verfasser der Sagas zu sehen haben, wobei durchaus denkbar ist, dass verschiedene Mitglieder dieser Nachkommenschaft zwei unterschiedliche Traditionen zu Pergament bringen ließen, um auch abweichende Meinungen über die inzwischen zwei Jahrhunderte zurückliegenden Ereignisse wiederzugeben. Dabei ist auffällig, dass die *Eiríks saga rauða* mehr mit heidnischen Elementen und den christlichen Reaktionen darauf operiert (vor allem Gudrids), auch wenn diese Motive in der *Grænlendinga saga* ebenfalls zu finden sind. Dennoch sind diese gelehrt-klerikalen Elemente in der Handlung der *Eiríks saga* wesentlich auffälliger: Hier gibt es die angebliche Séance der Seherin sowie den Auftrag König Olafs an Leif, Grönland zu christianisieren, es gibt die Prophezeiungen des toten Thorstein und den Einfüßler in der Gegend Vinlands.

Beide Sagas bewahren eine Reihe von Ortsnamen, wenn auch die Geschichten über ihre Entstehung unterschiedlich inszeniert werden: Helluland, Markland und Vinland haben sich offenbar ebenso in der Erinnerung erhalten wie die Furdustrandir, Kjalarnes, Straumfjord und vielleicht auch Hop und Bjarney, die Bäreninsel.

Als geordnete Sammlung von Ortsnamen blieben diese Bezeichnungen über die romanhaften Sagas hinaus in der wissenschaftlichen Literatur des hochmittelalterlichen Island erhalten, aber davon später im Kapitel 8.

6. Die Schiffe der Wikinger: Drachenschiffe und Lastochsen der Meere

«Thorberg hieß der Mann, welcher der Schiffbauer am Schiff war, aber es waren viele andere dran beteiligt, einige am Holzfällen, andere am Entrinden, andere am Nietenschlagen, andere beim Holztransport. Alles war da nur vom Besten, und das Schiff war lang und breit, hochbordig und massiv gebaut. Als man noch am Aufplanken war, musste Thorberg in dringender Angelegenheit heim auf seinen Hof und blieb länger dort. Als er zurückkam, war das Schiff fertig beplankt. Da ging der König sofort mit Thorberg zum Schiff, um zu besichtigen, wie das Schiff geworden sei, und alle sagten, sie hätten nie ein ebenso großes und ebenso schönes Langschiff gesehen. Dann ging der König zurück in die Stadt, aber zeitig am Morgen ging er mit Thorberg wieder zum Schiff. Da waren schon alle Bootsbauer gekommen und standen da und waren untätig, und der König fragte sie, was sie da täten. Sie sagten, das Schiff sei verdorben, weil ein Mann vom Vorsteven bis zum Heck gegangen sein dürfte und lauter schräge Schläge von oben in die Bordwand geschlagen hätte. Der König ging hin und sah, dass das wahr war, und antwortete gleich darauf, dass der sterben solle, der das getan habe, falls er in Erfahrung bringe, wer das Schiff so verdorben habe – ‹aber der, der mir das sagen kann, soll eine große Belohnung von mir erhalten!› Da sprach Thorberg: ‹Ich kann Euch sagen, König, wer das getan hat!› Da meinte der König: ‹Von keinem anderen kann ich das mehr erwarten als von Euch, dass er mir das mit Gewissheit sagen kann.› Da sagte Thorberg: ‹Ich kann Euch sagen, wer das war: Ich war es.› Da sprach der König: ‹Dann sollst Du es so wieder richten, wie es vorher war, und Dein Leben hängt daran!› Da ging Thorberg dran, den Schiffsbord zu glätten und alle Axthiebe auszumerzen, und dann meinten der König und alle anderen, dass das Schiff auf der Seite, die Thorberg geglättet hatte, viel schöner sei, sodass ihn der König bat, dies auf beiden Bordseiten zu machen und seinen Dank dafür entgegenzunehmen.» *(Ólafs saga Tryggvasonar,* Kap. 88, aus: Snorri Sturluson, *Heimskringla)*[25]

«Nun will ich Schiffsausdrücke erklären: Arche, Ruderbock, Esche, Sechsräumer, Skeið, Schute, Schiff, Nór, Naglfari, Nachen, Snekke, Lastschiff, Buza, Kaltbart, Rücken, Rentier, Ruderer, der Eissteven, Floss, Boot, Rigg, Schiffsreihe, Hringhorni, Lung, Kiel, Langschiff, Kiel, Erbstück, Karfi, Ring, Gnóð, Fresser, das Schnelle, Rudermüder, Pinne, Bart und Flachboden, Eule, Flotte, Eschenweises, Koena, Kessel, Kati, Reittier, Segeltier, Knörr, Kogge, Knöchel, Keipull, Eiche, Drache, Elliði, Dromon, Prahm, Föhre, Lastochse, Galeere, Fähre, Fährboot, Kahn, Liebes, Fahrzeug, Flotte.» (Snorri Sturluson, *Edda, Skáldskaparmál,* Kap. 73: *Þulur*)[26]

Neben dem weiten Horizont der Wikinger als einem Seefahrervolk aus den Fjorden Norwegens und den Sunden Dänemarks, der die Fahrten nach Amerika in mentalitätsgeschichtlicher Hinsicht erst ermöglichte, war es aus technischer Sicht die Entwicklung des Wikingerschiffs, das die Grundlage für die Möglichkeit dieser Langfahrten bildete. Dem Schiff wurde, wie die obigen Zitate zeigen, sowohl von Königen als auch von Dichtern außerordentliche Bedeutung zugemessen: Ein König überwacht laufend den Bau seines Schiffs, und er diskutiert den Bau mit den Handwerkern, wobei es um Leben und Tod geht. Snorris Dichterhandbuch *Edda* (entstanden etwa zwischen 1220 und 1225) lässt eine ganze Flotte von Synonymen für Schiff auffahren, um den nachfolgenden Dichtern einen reichen Wortschatz für dieses entscheidende Element vieler Geschichten zur Verfügung zu stellen. Dies war auch notwendig, denn das Schiff spielte in der Dichtung wie im Leben der Wikinger eine bedeutende Rolle.

Dabei muss man sich von der romantisch geprägten Vorstellung lösen, die Skandinavier hätten die großen Fahrten mit ihren flachen Langschiffen bestritten, dem gängigen Typ wikingerzeitlicher Kriegsschiffe. Wie wir seit wenigen Jahrzehnten auf Grund von Ausgrabungen in Dänemark und Schleswig-Holstein wissen, gab es neben den verschiedenen Klassen von Kriegsschiffen noch diverse

Größen- und Funktionstypen von zivilen Schiffen, neben reinen Handels- und Transportschiffen gab es Fischereifahrzeuge, Fähren und auch Hochseeschiffe. Mit diesen wurden die Langfahrten über den Nordatlantik in erster Linie bestritten, weil nur diese deutlich hochbordigeren und solideren Schiffe die Kolonisationsfahrten mit Sack und Pack erlaubten.

Die Geschichte der wikingischen Langschiffe reicht weit zurück, und die skandinavische Schiffbaukunst dieser Epoche muss als Höhepunkt einer wohl mindestens 2000-jährigen Entwicklungsgeschichte angesehen werden, trotz des erst relativ kurz zuvor erfolgten Übergangs vom Rudern zum Segeln. Die Kunst des Schiffbaus wird für uns quellenmäßig bereits in den Felsbilderschiffen Südskandinaviens in der Bronzezeit greifbar, also etwa in der Zeitspanne von 1800–500 v. Chr. Aus dem Ende dieser Epoche und dem Beginn der Eisenzeit, die der Bronzezeit folgte, stammt ein Fund, der die früher oft sogar als Schlitten bezeichneten eigentümlichen Schiffe der bronzezeitlichen Felszeichnungen in einen schiffbautechnischen Zusammenhang stellt und zeigt, dass die Felsbilder tatsächlich Schiffe aus der Bronzezeit mit paddelnden Besatzungen darstellen. Der Fund eines Holzbootes in einem Moor im dänischen Hjortspring aus dem 4. Jahrhundert v. Chr. zeigt uns die Bauweise des ältesten bekannten Plankenschiffs, das noch deutlich in einer bronzezeitlichen Bootsbautradition stand. Es entspricht genau der eigenartigen Form der Schiffe auf den Felsbildern mit zwei vorspringenden Plankenenden – Schiffsbord und Kielplanke – an beiden Schiffsenden, auch wenn die Schiffe der älteren Bronzezeit, also noch einmal ein Jahrtausend früher, wohl kaum aus Holz gefertigt waren, da die Herstellung von so dünnen Holzplanken die Verwendung von Eisenwerkzeugen voraussetzt. Ältere Fahrzeuge mit einer ähnlichen Konstruktion werden aus anderen Materialien wie etwa Fell oder Rinde gewesen sein.

Dieses Hjortspringboot verweist in vielen konstruktiven Details auf die Wikingerschiffe eineinhalb Jahrtausende später: Bug und Heck sind gleich gestaltet, die dünnen Planken in Klinkerbauweise sind mit später eingesetzten Spanten vernäht, und die schlanke Form und der flache Boden gaben ihm wohl ähnliche Eigenschaften wie den späteren Langschiffen. *Ein* wesentlicher Unterschied aber besteht: Boote wurden bis in die Eisenzeit hinein gepaddelt anstatt gerudert oder gesegelt. Der erste Nachweis für ein Ruderschiff findet sich erst für das Ende der römischen Eisenzeit im Schiff von Nydam (in Südjütland) aus dem 4. Jahrhundert n. Chr. Dieses recht große und massive Schiff von 23 m Länge war ebenfalls geklinkert und weist sogenannte Keipen (fest montierte Widerlager für Riemen) auf, aber noch keine Spur einer Segeleinrichtung. Doch allein die Tatsache, dass mit Schiffen dieses Typs die Angeln, Sachsen und Jüten im 4. und 5. Jahrhundert n. Chr. vom Süden der Halbinsel Jütland (also dem heutigen Dänemark und Schleswig-Holstein) nach Britannien übersetzten, zeigt, dass schon vor der Einführung des Segels der Mobilität der Skandinavier keine engen Grenzen gesetzt waren. Auch wenn die Überquerung des Englischen Kanals und der Nordsee zwischen Dänemark und England im Vergleich mit den späteren Reisen nach Island und Grönland nur einen kleinen Schritt darstellt, so ist doch eine solche Überfahrt ausschließlich mit Rudern als Vortrieb beeindruckend genug.

Übrigens ist es ein weit verbreiteter Irrtum, die wikingischen Reisen, sowohl über den Nordatlantik als auch auf den westeuropäischen Flüssen oder über die russischen Flusssysteme, seien mit Hilfe von Rudern durchgeführt worden, obwohl dies auf zahlreichen (allzu) populären künstlerischen Darstellungen immer noch abgebildet wird. Doch im Gegenteil: Erst die Einführung des Segels und einer effizienten Takelage sowie bauliche Veränderungen am Rumpf (ein langer Kiel, der die seitliche Abdrift beim Segeln minimiert) machten die Langstreckenreisen der skandinavischen Seefahrer überhaupt erst möglich. Irgendwann zwischen dem 7. und 8. Jahrhundert n. Chr. muss es sehr plötzlich und sehr rasch zur Entwicklung eines funktionsfähigen Riggs gekommen sein, und die bald darauf erworbene Perfektion im Segeln dürfte mit ein Grund für den massiven Aufbruch der Skandinavier aus ihren Heimatgebieten gewesen sein – damit begann die Periode, die wir heute mit gutem Recht als Wikingerzeit bezeichnen.

Die Annahme, die damaligen skandinavischen Seefahrer hätten lange Seereisen von tausenden Kilometern ausschließlich mit Ruder-

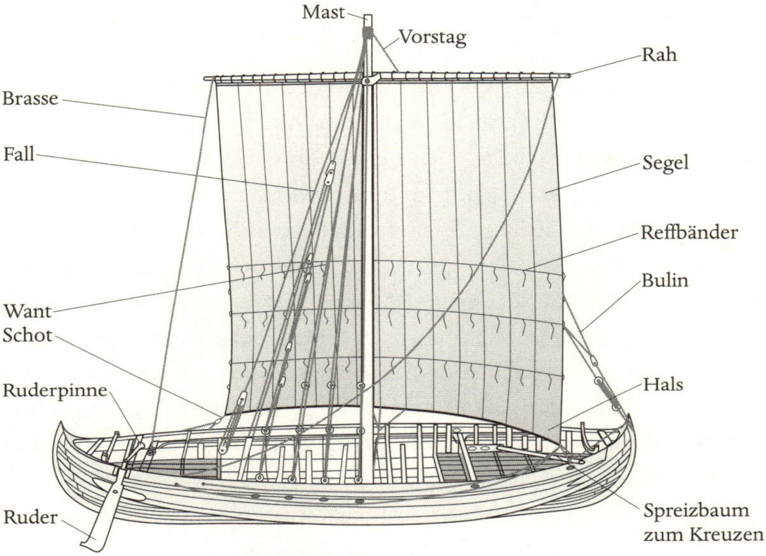

Längsriss eines wikingerzeitlichen Hochseeschiffs (Knörr)

kraft unternommen, ist dagegen vollkommen unrealistisch. Zum einen ist die Geschwindigkeit, die man beim Rudern schwerer Schiffe erreichen kann, nur über sehr kurze Strecken hoch genug für das Zurücklegen größerer Distanzen, und zum Befahren längerer Flussstrecken ist das Rudern gänzlich ungeeignet. Versuche auf dem Rhein mit dem Nachbau eines kleineren Wikingerschiffs haben gezeigt, dass die Fließgeschwindigkeit des Wassers nur mit Mühe mit Ruderkraft zu kompensieren ist, selbst wenn die gesamte Mannschaft an den Riemen arbeitet. Zudem zeigen archäologische Funde der wikingerzeitlichen Hochseeschiffe, dass diese gar nicht für zahlreiche Ruderer gemacht waren, sondern nur vorne und achtern Ruderlöcher für je zwei Ruderpaare hatten, um das Manövrieren in Häfen oder das Anlegen zu ermöglichen. Nur im Kriegsfall, wenn das Segel wegen der leichten Entzündbarkeit des Tuchs vor dem Kampf geborgen worden war, wurde bei Angriff oder auf der Flucht auf den Drachenschiffen gerudert. Doch selbst dann spielte die Windrichtung noch eine nicht zu unterschätzende Rolle, denn mit durch Ge-

genwind erschöpften Ruderern einen Kampf anzutreten, war kaum wünschenswert.

Wohl schon vor der Wikingerzeit bildeten sich je nach Einsatzort und -zweck der Schiffe nicht nur unterschiedliche Größen, sondern auch spezialisierte Schiffstypen heraus. So wird schon lange konstatiert, dass etwa das elegante und reichverzierte Osebergschiff, das 1905 am Oslofjord ausgegraben wurde und bis heute unsere Vorstellung von Drachenschiffen prägt, trotz seiner imposanten Länge von über 21 m und seiner exquisiten Ausstattung wohl kaum sehr hochseetüchtig war. Es ist wohl eher als Privatyacht einer Königin (die darin bestattet wurde) aus dem 9. Jahrhundert anzusehen und war höchstens für küstennahe Reisen verwendbar. Überhaupt waren die Langschiffe (dieser heute immer noch gängige Begriff geht wie schon das altnord. *langskip* eigentlich auf latein. *navis longa* zurück, bedeutet also einfach «Kriegsschiff») entgegen unseren Vorstellungen nur sehr bedingt für längere Hochseereisen geeignet, weil sie zu wenig Freibord besaßen und wohl auch zu wenig Ballast führen konnten, um größere Windstärken aussegeln zu können. Deswegen war der Fund eines im Mittelalter als Knörr (auch Knarr) bezeichneten Schiffstyps in den 1960er Jahren zusammen mit anderen wikingerzeitlichen Schiffen im Roskildefjord so wichtig, weil er uns erstmals den Typ eines skandinavischen Hochseeschiffes vor Augen führt – und dieser unterscheidet sich merklich von den Drachenschiffen: Bauchig statt schlank, hochbordig und schwer statt niedrig und leicht, mit nur wenigen Rudern ausgestattet, waren es gerade diese Schiffe, die die Fernfahrten der frühmittelalterlichen Skandinavier ermöglichten. Besonders für die Routen nach Island, Irland und Grönland fanden diese Schiffe – von denen man seither ein weiteres im ehemaligen Hafen von Haithabu bei Schleswig entdeckt hat – Verwendung, während sie wegen ihres größeren Tiefgangs für die Plünderfahrten auf den europäischen Flüssen weniger geeignet waren. Derartige Handelsschiffe wurden offenbar auch in unterschiedlichen Größen gebaut: das Wrack der Knörr von Skuldelev (Wrack 1) war ca. 16 m lang und 4,5 m breit und verdrängte immerhin um die 20 Tonnen, während das bisher nur vermessene, aber noch nicht geborgene Wrack Haithabu 3 ganze 22 m lang und 5,5 m breit war und

Nachbau eines Knörr aus dem Wikingerschiffsmuseum Roskilde im Winter an Land

in der späten Wikingerzeit um 1030 erbaut worden sein dürfte. Solche Hochseeschiffe konnten eine beachtliche Ladung an Menschen, Tieren und Gütern transportieren und wurden sowohl von Siedlern bei der Auswanderung nach Island und Grönland verwendet als auch für den transatlantischen Handel in diese Gebiete sowie für die ersten Expeditionen an die amerikanischen Küsten.

Da diese schweren Hochseeschiffe jedoch wesentlich langsamer segelten als die Langschiffe, darf man sich nicht der Illusion hingeben, die Atlantikfahrten wären so flott verlaufen wie die Überfahrt des Nachbaus des Gokstadschiffes im Jahre 1893, als der norwegische Schiffskapitän Magnus Andersen die Replika in 27 Tagen von Bergen nach Neufundland und von dort in einem weiteren Monat zur Weltausstellung nach Chicago segelte (insgesamt fast 8000 km!), wobei er mitunter Spitzengeschwindigkeiten von 11 Knoten (= über 20 km/h) loggte und eine Durchschnittsgeschwindigkeit von enormen 9,3 Knoten (17 km/h) erzielte. Die uns erhaltenen mittelalterlichen Segelanweisungen geben eine realistischere Einschätzung der Distanzen wieder und zeigen zudem, dass man auf dem Weg mit Zwischenstopps rechnete, die Angabe einer direkten Route von Norwegen nach Grönland ist eher eine Ausnahme:

> «So sagen weise Männer, dass es von Stadland in Norwegen nach Horn in Ostisland sieben Segeltage Richtung Westen sind, und von Snæfellsnes [an Islands Westspitze], dort wo es am kürzesten ist, vier Hochsee-Segeltage nach Westen nach Grönland. Und es wird gesagt, dass man, wenn man von Bergen genau westlich nach Hvarf in Grönland segelt, einen ‹Zwölfer› südlich von Island vorbeisegeln muss. Von Reykjanes im Süden Islands nach Jölduhlaup in Irland sind es fünf Hochsee-Segeltage; aber von Langanes nach Svalbard [= Spitzbergen] in der [Polar-]Meeresbucht sind es vier Hochsee-Segeltage nach Norden.» (Nach der *Sturlubók*-Version der *Landnámabók,* nach älteren Fassungen bearbeitet vor 1280)[27]

> «So sagen weise Männer, dass man von Stade in Norwegen sieben Segeltage nach Horn in Ost-Island braucht, aber von Snæfellsnes vier Segeltage bis nach Hvarf in Grönland. Von Hernum in Norwegen soll man genau nach Westen bis Hvarf in Grönland segeln, sodass man nördlich der Shetland-Inseln so vorbeisegelt, dass man sie nur bei klarer Fernsicht sieht, aber südlich der Färöer so, dass der Horizont auf halber Höhe der Berge liegt, und so südlich von Island vorbei, dass man davon nur die Vögel und Wale sieht.» (Nach der *Hauksbók*-Version der *Landnámabók,* geschrieben um 1310)[28]

Bei der Frage nach den – mit Zwischenstationen – wochenlangen Schiffsreisen der Wikinger über den Nordatlantik stellt sich immer wieder die Frage nach den navigatorischen Hilfsmitteln, die sie benutzt haben könnten und von denen keine Überreste auf uns gekommen sind. Nichts weist auf besondere wikingische (oder gar «geheime») Navigationsinstrumente hin, und die Einführung des in China erfundenen Kompasses in Europa erfolgte erst zwei Jahrhunderte nach dem Ende der Wikingerzeit. Ein angebliches Peilinstrument, von dem man in Grönland ein kleines Fragment gefunden haben will, ist wohl nicht mehr als eine phantasievolle Spielerei von Hobbyforschern, und für einen in mittelalterlichen Texten genannten Sonnenstein (*sólarstein*), wohl ein Quarzkristall, der bei der Sonnenbeobachtung geholfen haben soll, fehlt sowohl die archäologische Bestätigung als auch der Nachweis praktischer Benutzbarkeit. Dabei waren in der Tat die Beobachtung des Sonnenstands und des Polarsterns über dem Horizont die wichtigsten navigatorischen Anhaltspunkte für eine Ost-West-Überquerung des Atlantiks. Das größte Geheimnis der skandinavischen Navigation war jedoch ohne Frage die jahrtausendelange Erfahrung, die unter der schon immer seefahrenden Bevölkerung Westnorwegens mündlich von Generation zu Generation weitergegeben wurde. Diese auf Erfahrung beruhenden Fertigkeiten ermöglichten es den Skandinaviern während der Wikingerzeit und darüber hinaus, ganz ohne Kompass oder Chronometer lange Distanzen außer Landsicht über See zu fahren, auch wenn die tagtägliche Praxis der Seefahrt stets die küstennahe Navigation bevorzugte. Dass es bei tagelangen Stürmen oder Nebel trotz aller Erfahrung und Tradition auch zu Navigationsfehlern, Unglücken und Schiffbrüchen kam, ist uns aus den mittelalterlichen Quellen nur zu gut bekannt. So gehen sowohl die Entdeckung Islands (um 870) als auch die Entdeckung Grönlands (um 980) sowie die erste Sichtung der amerikanischen Küste (um 985) auf Seefahrer zurück, die drastisch von ihrem Kurs abgekommen waren und nach ihrer glücklichen Heimkehr von neuen Inseln und Ländern berichteten, ohne diese selbst betreten zu haben. Selbst die großangelegte Expedition Eiriks des Roten zur Besiedlung Grönlands im Jahre 985 war wohl teilweise ein Desaster:

> «So sagen weise Männer, dass in dem selben Sommer, als Eirik der Rote ausfuhr, um Grönland zu besiedeln, 25 Schiffe aus dem Breidafjord und Borgarfjord ausliefen, aber nur 14 dort ankamen: einige trieb es zurück, aber einige scheiterten.» (*Grænlendinga saga*, Kap. 1)[29]

Doch obwohl die Schiffe der Skandinavier gegen die Macht der Wellen an felsigen Küsten und unkartierten Riffen genauso hilflos waren wie alle anderen Wasserfahrzeuge, so waren die Hochseeschiffe der Wikingerzeit dennoch die einzigen Schiffe in Nord- und Westeuropa, die zu solchen Fahrten überhaupt in der Lage waren, weder das Karolingerreich noch England oder Friesland hatten damals eine derartige Perfektion im Schiffbau erreicht. Schon beim Bau der Schiffe zeigte sich diese Überlegenheit: eine flexible Konstruktion bei der Verbindung der geklinkerten Planken mit dem Spantengerüst und die Verwendung von gespaltenen, statt gesägten Planken machte den Rumpf elastisch; ein stromlinienförmiger Rumpf und eine effiziente Takelage machten die Schiffe relativ schnell und hielten die Zahl der Reisetage gering (dies war ein andauerndes Problem von Seereisen, mit dem sich 500 Jahre später Kolumbus konfrontiert sah, da er viel länger unterwegs war, als er und seine Seeleute jemals erwartet hatten, nämlich 70 Tage). Die flachen Schiffsböden der Wikingerschiffe ließen ein Anlegen auch an Stränden ohne Landebrücken und Häfen zu; und die relativ einfache und leichte Bauweise erlaubte es, Schiffe auch in Eigenregie, mit einfachen Mitteln und ohne Werften zu reparieren, was vor allem im waldarmen Island und Grönland von Bedeutung war. Dazu kam noch die äußerst praktische Einrichtung der skandinavischen Takelagen, die es trotz der rechteckigen Form des Rahsegels ermöglichten, auch gegen den Wind zu kreuzen, und die damit nicht ausschließlich auf günstigen achterlichen Wind angewiesen waren. Dies alles machte die Schiffe der Wikinger allen anderen Schiffstypen der damaligen Zeit überlegen, und es ermöglichte Siedlungs- und Entdeckungsreisen, die uns bis heute Respekt abfordern.

Ein Punkt, der für den mittelalterlichen Schiffbau von allergrößter Bedeutung war, wurde allerdings bisher noch nicht angesprochen: Die Notwendigkeit, Bauholz zu finden! Unsere Annahme über den damaligen Waldreichtum Norwegens, Dänemarks sowie Englands und Irlands, die in Festlandskandinavien durch die große Zahl für die königlichen Flotten des Hochmittelalters zu musternden Schiffe sowie durch archäologische Belege von Schiffen aus dänischem, norwegischem und selbst irischem Holz belegt wird, ist nur ein Teil der Wahrheit. Auf Island und Grönland, geschweige denn den kleineren atlantischen Inselgruppen Orkney, Shetland und Färöer, bestand nämlich auf Grund der Waldarmut weder die Möglichkeit, eigene Schiffe zu bauen, noch allzu große Hoffnung für die Reparatur eines schwer beschädigten Schiffes. Tatsächlich gibt es eine ganze Reihe von Anekdoten über die aus diesem Faktum entstehenden Probleme, da Reparaturen zwar mitunter technisch möglich, aber ästhetisch alles andere als zufriedenstellend waren:

> «Eines Herbsts wurden einige Kaufleute mit einem Hochseeschiff vom Kurs abgetrieben und erlitten in der Nähe von Vik Schiffbruch [...] und sie versuchten, sich aus den Wrackteilen ein neues Schiff zu bauen, aber es fiel ihnen schwer; das Schiff wurde sehr schmal an den Steven, aber mittschiffs breit [...] Das Schiff, das die Kaufleute gebaut hatten, war sehr breit, und die Leute nannten es Trékyllir [«Holzsack»].» (*Grettis saga Ásmundarsonar*, Kap. 13)[30]

In Grönland, fernab der europäischen Quellen für Bauholz, war die Situation noch zusätzlich verschärft. Wenn die Flotte mit Siedlern, die Eirik der Rote um 985 nach Grönland führte, offenbar fast die Hälfte ihrer Schiffe verlor, so muss das für die Mobilität der Isländer dieser Zeit eine beträchtliche Einschränkung gewesen sein, da es sich hierbei vermutlich in erster Linie um die großen – und teuren – Hochseeschiffe handelte. Die andere Möglichkeit ist, dass man eben auch mit zu kleinen Schiffen diese Kolonisationsfahrt unternommen hatte und diese kleineren Schiffe scheiterten. Natürlich hatte jeder größere isländische Hof eigene Boote, darunter auch große Fischerboote, doch für eine Querung der Dänemarkstraße zwischen Island und Grönland mit ihren Stürmen und Treibeis waren diese wohl kaum sonderlich gut geeignet.

Allerdings sagt die angebliche Reparatur eines Schiffes, die in der *Grænlendinga saga* die Grundlage für den Landschaftsnamen Kjalarnes in der Nähe von Vinland gebildet haben soll, mehr über den Mangel an Sachkenntnis im Bootsbau eines hochmittelalterlichen klerikalen isländischen Sagaverfassers aus als über einen tatsächlichen Vorgang aus der Wikingerzeit:

> «Im nächsten Sommer segelte Thorvald [von Vinland] nach Osten und wandte sich dann die Küste entlang nach Norden. Sie bekamen stürmisches Wetter vor einem Kap und wurden dort an Land getrieben; der Kiel war gebrochen, und sie mussten lange Zeit da-

bleiben, während sie das Schiff reparierten. Thorvald sagte dann zu seinen Fahrgenossen: ‹Ich möchte den alten Kiel hier auf der Landzunge aufstellen, und sie Kjalarnes nennen.› Das taten sie.» (*Grænlendinga saga,* Kap. 5)[31]

Ausgerechnet den Kielbalken eines Hochseeschiffes auszuwechseln, dürfte selbst beim Vorhandensein des entsprechenden Bauholzes völlig außerhalb der Möglichkeiten einer Mannschaft an einer fremden Küste gelegen haben. Da wikingerzeitliche Schiffe vom Kiel ausgehend gebaut wurden, bedeutete das Auswechseln des Kielbalkens faktisch das komplette Aufbrechen des Rumpfes, und dies war ohne entsprechende Werkzeuge, eine Schmiede für die Nieten und beträchtlichen Zeitaufwand wohl kaum möglich.

Bei der Lektüre der beiden Vinland-Sagas fällt auf, dass offenbar für die Expeditionen – und zwar sowohl für die Besiedelung Grönlands als auch die folgende Entdeckung Vinlands – stets nur eine sehr begrenzte Anzahl von Schiffen zur Verfügung stand, schon allein deshalb, weil Schiffbau in Island und Grönland auf Grund des Waldmangels kaum möglich war. Laut der *Grænlendinga saga* lief eben im Sommer 885 eine erste Flotte von Siedlern unter der Führung von Eirik dem Roten von Island aus, und von 25 Schiffen kamen nach dieser Erzählung nur 14 sicher in Grönland an. Von diesen 14 Schiffen ist dann im Kontext der folgenden Expeditionen aber nie wieder die Rede: sei es, dass sie als zu klein für die beabsichtigten Fahrten erachtet wurden, sei es, dass sie zwei Jahrzehnte später schon ihre natürliche Lebensdauer für eine sichere Langstreckenfahrt überschritten hatten. Auf jeden Fall wird für die Expeditionen nach Vinland eine zwar in den beiden Sagas abweichende, aber in jedem Fall sehr geringe Zahl von Schiffen erwähnt, die bei diesen Fahrten jeweils wiederholt zum Einsatz kamen.

In der *Grænlendinga saga* sind es überhaupt nur drei Schiffe, die bei den Expeditionen eingesetzt werden: Das erste (das ich einmal A nennen will) ist das Hochseeschiff, mit dem Bjarni Herjolfsson voller Handelswaren aus Norwegen zuerst nach Island und dann, auf der Suche nach seinem Vater, nach Grönland reist. Dies ist das Schiff, von dem aus er das erste Mal die Küsten der Neuen Welt sichtet und das er dann an Leif Eiriksson verkauft, der damit die erste Vinland-Expedition unternimmt. Da die Saga für die Fahrt von Leif Eiriksson eine Mannschaft von 35 Personen erwähnt und er auf der Rückreise noch 15 Schiffbrüchige von einer Schäre aufliest, muss es sich um ein recht großes Schiff gehandelt haben. Dieses selbe Schiff leiht sich dann Thorvald Eiriksson von seinem Bruder, um mit 30 Personen nach Vinland zu fahren, und nach seinem Tod verwendet es der dritte der Brüder, Thorstein Eiriksson, um mit einer Mannschaft von 25 Personen und seiner Frau Gudrid die Leiche von Thorvald zu holen, was allerdings auf dieser rundum erfolglosen Expedition nicht gelingt. Danach wird dieses Schiff nicht mehr ausdrücklich erwähnt. Aber es ist durchaus möglich, dass es auch bei der nächsten Expedition noch Verwendung fand, obwohl für diese nur das Schiff von Thorfinn Karlsefni (Schiff B) ausdrücklich Erwähnung findet, mit dem dieser aus Norwegen kam. Da jedoch für diese Fahrt die Zahl der Teilnehmer mit 65 angegeben wird – eine wohl zu hohe Zahl für ein einzelnes, selbst ein großes Schiff – könnte auch Schiff A bei dieser Expedition noch einmal in Richtung Vinland in See gestochen sein.

Das dritte Schiff, das in der *Grænlendinga saga* genannt wird (Schiff C), ist jenes, mit dem Helgi und Finnbogi aus Norwegen kamen und mit dem sie samt einer Mannschaft von 30 Leuten an Freydis' Expedition teilnahmen. Das Schiff von Freydis, in dem sie 35 Mann mitnahm, wird zwar nicht separat genannt, es ist aber anzunehmen, dass es sich hierbei um das Schiff ihrer Halbbrüder handelte, also um Schiff A. Nach der Ermordung von Helgi und Finnbogi und deren ganzer Mannschaft kehrte Freydis mit deren Schiff aus Vinland zurück, ihr eigenes verschwindet an dieser Stelle aus der Erzählung, ohne dass dies weiter erklärt wird. Was auch immer daraus geworden ist, jedenfalls ist auffällig, dass überhaupt nur drei Hochseeschiffe vorkommen, von denen am Ende nur eines (Schiff C) in Grönland ist, weil Thorfinn Karlsefni mit seinem Schiff (B) und seiner Frau Gudrid zuerst nach Norwegen zurückkehrt und sich schließlich in Island niederlässt.

Eine etwas andere Version, auch in Bezug auf die Schiffe, liefert die zweite Vinland-Saga, die *Eiríks saga rauða*. Nach dieser Erzählung kommt nach den ursprünglichen Siedlern, aber noch vor Leif Eiriksson, Thorbjörn Vifilsson mit einem eigenen Hochseeschiff (Schiff D) nach Grönland. In dieser Version bringt Leif Eiriksson sein Schiff (Schiff A) via Hebriden, Norwegen und der Küste Vinlands nach Grönland. Allerdings findet hier die erfolglose Expedition Thorsteins und Eiriks nicht mit Leifs Schiff, sondern mit dem von Thorbjörn (Schiff D) und nur 20 Mann statt, was darauf hindeuten könnte, dass man dieses Schiff als kleiner in Erinnerung hatte (*Eiríks saga rauða*, Kap. 6). Noch vor der nächsten Vinland-Expedition unternehmen nach dieser Erzählung Thorfinn Karlsefni und Snorri Thorbrandsson eine Reise nach Island mit Thorfinns Handelsschiff (Schiff B) und insgesamt 42 Mann, während Bjarni und Thorhall mit einem bislang unerwähnten eigenen Schiff (Schiff E) von Breidafjördur in Island nach Grönland segeln. Thorfinn Karlsefnis große Vinland-Expedition umfasst hier drei Schiffe, aber nach der Darstellung dieser Saga 160 Personen (möglicherweise sind hier sogar nur die Männer gezählt): Thorfinn Karlsefni fährt zusammen mit Snorri Thorbrandsson auf seinem eigenen Schiff (Schiff B), Thorbjörn Vifilsson fährt ebenfalls mit dem eigenen Schiff (Schiff D), und Bjarni und Thorhall fahren auf einem in der *Grænlendinga saga* nicht erwähnten Schiff (Schiff E). Als sich Thorhall von der restlichen Expedition trennt, wobei ihn nur neun der anderen Expeditionsteilnehmer begleiten, muss dies mit Thorbjörn Vifilssons Schiff (Schiff D) geschehen sein, da die anderen beiden Schiffe später wieder erwähnt werden, dieses jedoch nicht. Thorhall wird nach dieser Version der Saga abgetrieben und in Irland versklavt, dieses Schiff (D) muss daher als verloren gelten. Bjarnis Schiff (Schiff E) dagegen wird bald darauf von «Würmern» befallen, und nur die eine Hälfte der Mannschaft – also wohl ein Dutzend Personen – findet im Beiboot Platz und erreicht schließlich Grönland, während die andere Hälfte mit dem Schiff untergeht und umkommt. Das einzige der drei Schiffe, das nach Grönland zurückkehrt, ist das von Thorfinn (Schiff B). Dieser kehrt dann bald darauf mit diesem, seinem eigenen Schiff (Schiff B) nach Island zurück (*Eiríks saga rauða*, Kap. 11), womit ebenfalls nur das Schiff A in Grönland verbleibt, da das Schiff von Helgi und Finnbogi (Schiff C) in dieser Saga gar nicht erst erwähnt wird. Man gewinnt aber auch den

Eindruck, dass über die beiden (in der *Grœnlendinga saga* gar nicht erst erwähnten) Schiffe D und E zur Zeit der Sagaschreibung keine konkreten Informationen mehr vorhanden waren, sodass man Erklärungen für ihr Verschwinden konstruierte.

Somit sind es insgesamt nur drei bzw. vier Schiffe, mit denen nach den Schilderungen der beiden Vinland-Sagas die Expeditionen unternommen wurden, wobei bezüglich der Protagonisten Leif (A) und Thorfinn (B) die Berichte dieser schriftlichen Quellen einigermaßen übereinstimmen. Dazu kommen allerdings noch zwei sehr nebenbei erwähnte, aber untergegangene Schiffe: nämlich dasjenige der Schiffbrüchigen, die Leif einsammelt (*Grœnlendinga saga,* Kap. 4), und

Grœnlendinga saga

Schiff	urspr. Besitzer	Anreise	Reise Bjarnis	Leifs Exp.	Thorvalds Exp.	Thorsteins Exp.	Thorfinns Exp.	Freydis Exp.	Verbleib
A	Bjarni		?	50 Pers.	30 Pers.	25 Pers.	(?)	35 Pers	Vinland
B	Thorfinn						65 Pers.		Island
C	Helgi und Finnbogi							30 Pers.	Grönland

Eiríks saga rauða

A	Leif	42 Pers.		?					Grönland
B							25? Pers.		Island
C									
D	Thorbjörn	20 Pers.				20 Pers.	10 Pers.		Irland
E	Bjarni						25? Pers.		Sinkt vor Vinland

das nur durch einen Schiffskiel dokumentierte Wrack an der kanadischen Ostküste auf Kjalarnes (*Eiríks saga rauða*, Kap. 8).

Falls die in den Sagas wiedergegebenen mündlichen Traditionen einigermaßen die Realität widerspiegeln, zeichnen sie ein tristes Bild vom Schiffsbestand in Grönland um das Jahr 1000, was auch die nur kurze Episode der Vinland-Fahrten mit erklären mag. Mögliche spätere Reisen nach Markland mit dem Hauptziel, Holz zu beschaffen, können ebenfalls vor diesem Hintergrund gesehen werden. Dass nämlich auch in Grönland die technischen Voraussetzungen bestanden haben müssen, Schiffe zu bauen oder wenigstens zu reparieren, kann aus dem Vorhandensein einer derartigen Werkstatt in L'Anse aux Meadows in Neufundland erschlossen werden.

7. Das Weltbild der Wikinger: Der Atlantik als Binnenmeer

«Neben Dänemark liegt das kleine Schweden, dann Eyland, dann Gotland, dann Helsingaland, dann Vermland, dann die beiden Kvenländer, welche nördlich von Bjarmaland liegen. Von Bjarmaland erstreckt sich unbewohntes Land bis weit nach Nord[west]en, bis es auf Grönland trifft. Südlich von Grönland liegt Helluland, dann Markland, dann ist es nicht mehr weit nach Vinland dem Guten, von dem manche Leute glauben, dass es von Afrika ausgeht, und falls das so ist, dass der Ozean zwischen Vinland und Markland hereinkommt.» (Handschrift AM 194, 4to, von 1394)[32]

«Von Bjarmaland erstreckt sich unbewohntes Land bis weit nach Nord[west]en, bis es auf Grönland trifft. Südlich von Grönland liegt Helluland, dann Markland, dann ist es nicht mehr weit nach Vinland dem Guten, von dem manche Leute glauben, dass es von Afrika ausgeht.» (Handschrift AM 736 I, 13. Jahrhundert)[33]

Die weitreichenden Erfahrungen der Skandinavier mit Reisen in ganz Europa samt den umliegenden Meeren und das daraus resultierende geographische Weltbild bilden die Voraussetzungen aller Reisen der Wikingerzeit und somit auch der transatlantischen Querungen nach Amerika; gleichzeitig sind die skandinavischen Kenntnisse und Erfahrungen auch die Folge solcher Fahrten. Das dabei erworbene Weltbild war zwar einerseits in vielen Hinsichten sehr akkurat, so z.B. wenn es etwa um den Verlauf der Küstenlinien in Nord- und Westeuropa oder um die Reisezeiten zu den verschiedensten, auch weit entlegenen Zielen wie Grönland, Irland, aber auch Rom und Konstantinopel ging. Andererseits enthält es viel Befremdliches im Vergleich zu unserem heutigen Weltbild.

Neben leicht zu erklärenden historischen Abweichungen von heutigen Vorstellungen wie etwa der Umstand, dass der südlichste Teil

Schwedens, die Landschaft Schonen, bis weit in die Neuzeit hinein ein Teil des Königreichs Dänemark war und erst 1658 an Schweden abgetreten werden musste, zählen dazu auch für uns heute nicht mehr auf Anhieb verständliche Angaben.

Dazu gehört etwa die Bezeichnung Sviðþjóð inn minni «Klein-Schweden» für den Großteil des ja keineswegs kleinen Königreichs Schweden, die nur verständlich wird, wenn man weiß, dass diese zur Unterscheidung von «Groß-Schweden» diente. Dieses größere Schweden umfasste nach mittelalterlicher Vorstellung die Siedlungsgebiete der schwedischen Wikinger, die man als Waräger bezeichnet (altnord. *varingjar*), im Gebiet des heutigen Russland. Dort bildeten sich um die Siedlungszellen in Nowgorod (altnord. Hólmgarðr «Inselstadt») und Kiew (altnord. Kænugarðr «Stadt der Kænir = Kiewer») skandinavisch dominierte Herrschaftsgebiete, die schließlich im 10./11. Jahrhundert zum Reich der Kiewer Rus' (Rus' ist meist die Bezeichnung für die Waräger in fremden Quellen) zusammenwuchsen (882–1240) und schließlich zum Großfürstentum Kiew wurden, der Keimzelle des heutigen Russland. Dieses Gebiet wurde als Groß-Schweden bezeichnet, ganz so, wie die Griechen in der Antike ihre Kolonien in Sizilien und Süditalien *Graecia major* «Groß-Griechenland» genannt hatten.

Wenn der Isländer Snorri Sturluson (isländischer Dichter, 1178/79–1241) im Prolog seiner Königsgeschichte Norwegens (der sogenannten *Heimskringla,* um 1230) dieses Groß-Schweden, das für ihn und seine Zeitgenossen mit dem antiken Skythien identisch war, mit *Bláland hit mikla,* dem «Groß-Schwarzenland» (also offenbar Mauretanien) der Größe nach gleichsetzt, dann ist das so zu erklären, dass sich diese beiden Gebiete auf mittelalterlichen Weltkarten nördlich und südlich des Mittelmeers symmetrisch gegenüberliegen.

Diese Identifikation von bekannten Namen der Regionen Europas und anderswo mögen auf gelehrten Quellen beruhen und können auch erst nach dem Ende der Wikingerzeit in die mittelalterlichen Handschriften gelangt sein. Dagegen sind manche, noch befremdlichere Informationen mit Sicherheit älter und müssen von daher auf Erfahrungen der wikingerzeitlichen oder gar noch früherer Reisen zurückgehen. So ist es etwa ganz normal, dass in den Sagas Reisen

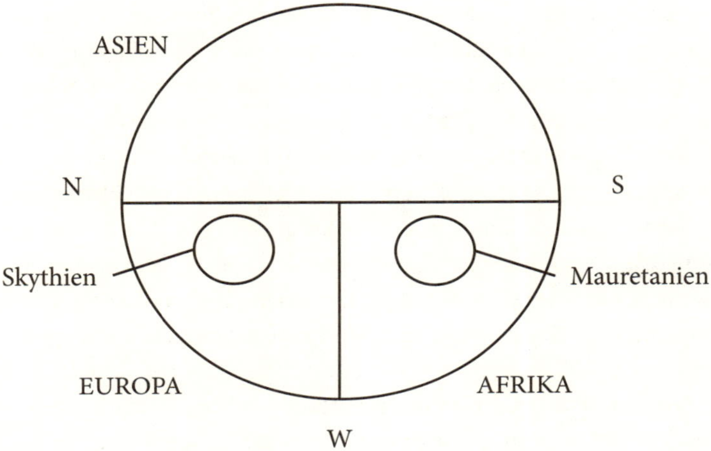

Die Lage der Kontinente nach der Vorstellung von Snorri Sturluson im 13. Jahrhundert

beschrieben werden, welche die norwegische Westküste entlang nach Norden, um das Nordkap herum und dann nach Osten ins Weiße Meer führten, an dessen Ostküste nach mittelalterlicher skandinavischer Vorstellung Bjarmaland, lat. Permia, das Land der Permier, verortet wurde. Oft genug aber segeln die Helden der in der Wikingerzeit handelnden mittelalterlichen Abenteuerromane (der sogenannten *Fornaldarsögur norðrlanda* «Sagas aus der Vorzeit des Nordens») in der Ostsee nordwärts, in den Finnischen Meerbusen, und von dort weiter nach Norden, bis sie ebenfalls im Weißen Meer und in Bjarmaland enden!

Die Vorstellung, dass man von der Ostsee direkt ins Weiße Meer gelangen könnte, ist jedoch gar nicht so abwegig, wie es auf den ersten Blick erscheinen mag. Vom äußersten Nordosten des Bottnischen Meerbusens sind es nur ca. 250 km Luftlinie über die Karelische Seenplatte bis ins Weiße Meer, und heute noch sind die Flüsse auf der finnischen Seite fast bis zur russischen Grenze mit Booten befahrbar. Die zahlreichen Flüsse und Seen der Region mögen von den Wikingern mit Hilfe von Schleppstellen für ihre Schiffe bewältigt worden sein, auch wenn die Flüsse des russischen Abschnitts zahlreiche Stromschnellen aufweisen. Viel wahrscheinlicher ist aber eine zweite, noch kürzere Route, nämlich vom Osten des Finnischen Meerbusens über den Onegasee und den Ladogasee nach Norden zum Weißen Meer. Seit 1933 durch den Weißmeer-Ostsee-Kanal durchgehend befahrbar, mussten für diesen 227 km langen Wasserweg nur 48 km künstlich geschaffen werden, wobei der höchste Punkt nur 103 m über dem Meeresspiegel liegt. Mit viel kleineren Fahrzeugen als heute waren also schon in der Wikingerzeit nur relativ kurze Strecken über Land zu bewältigen. Somit ist es nicht verwunderlich, wenn auf den ersten spätmittelalterlichen Karten Skandinaviens eigentümliche Wasserwege im Osten von Finnmarken eingezeichnet sind.

Noch auffälliger – und für die Route nach Amerika viel entscheidender – ist allerdings eine geographische Information, die sich sowohl in mittelalterlichen literarischen Texten und geographischen Traktaten als auch auf spätmittelalterlichen und frühneuzeitlichen Landkarten findet: eine Landbrücke, die sich zwischen Nordskandinavien und Grönland erstreckt! Eine Nennung dieser Landbrücke findet sich etwa in der eingangs zitierten Textstelle wie auch in dem folgenden Text aus dem Island des 12./13. Jahrhunderts:

> «Östlich von Norwegen ist Russland und dann das Tartarenreich. Im Norden von Norwegen ist Finnmarken; dann weicht das Land nach Nordosten zurück, bis es auf Bjarmaland stößt. Von Bjarmaland geht unbewohntes Land nach Norden, bis es auf Grönland stößt. Im Süden von Grönland liegt Helluland, dann Markland, von wo es nicht mehr weit nach Vinland ist.» (Handschrift AM 764, 4to, 14. Jahrhundert)[34]

Auch in einem ausführlicheren Text, der sich vorwiegend mit Grönland beschäftigt, findet sich diese Landbrücke:

> «Von Bjarmaland nach Norden [eig. Westen] liegen Einöden bis dorthin, wo man es Grönland nennt [...] dort liegen Buchten, und das Land wendet sich nach Südwesten mit Gletschern und Fjorden. [...] Dort ist die nächste Ansiedlung und dort heißt es Hvitserk, da wendet sich das Land nach Norden, aber wer die Ansied-

lungen nicht verpassen will, steuere nach Südwesten. Gardar heißt der Bischofssitz in der Innenbucht des Eiriksfjords, dort ist eine dem hl. Nikolaus geweihte Kirche; in Grönland gibt es in der Ostsiedlung 12 Kirchen, und vier in der Westsiedlung. Nun ist zu berichten, was nach der erwähnten Bucht an Grönland grenzt: Furdustrandir [«Wunderstrände»] heißt ein Land, dort herrscht strenger Frost, sodass es nach menschlichem Wissen nicht bewohnbar ist; südlich davon ist Helluland, welches Skrælingar-[«Eskimo»-]land genannt wird, dann ist es nicht weit nach Vinland dem Guten, welches nach Ansicht einiger Leute von Afrika herüberreicht. Zwischen Vinland und Grönland liegt Ginnungagap, das reicht herein von dem Meer, das Mare Oceanus heißt und um die ganze Welt geht.» (Aus der *Gripla*)[35]

Hier ist zudem ein weiterer geographischer Begriff im äußersten Westen verortet, der schon der heidnischen Mythologie entstammen dürfte: Ginnungagap. Dies war ursprünglich vermutlich ein Name für so etwas wie den «magischen Abgrund», im Hochmittelalter deutet es der Dichter Snorri Sturluson in seiner Mythographie als «Urschlund», in dem das Leben überhaupt aus Feuer und Eis entstand, etwa dem mittelalterlichen Verständnis des ursprünglichen Chaos entsprechend. In geographischen Traktaten bezeichnet Ginnungagap dagegen die Nordwestpassage, was sich daran zeigt, dass dort diskutiert wird, ob sich diese Öffnung des Nordatlantiks hinaus zum Weltmeer zwischen Grönland und Helluland (was den Tatsachen erstaunlicherweise entspricht) oder doch erst weiter südwestlich finde:

«Der Teil [von Europa] mit den meisten bewohnten Ländern geht nach Süden zum griechischen Meer und wendet sich nach Westen zum spanischen Meer; der andere Teil geht aber nach Nordwesten und zur Ostsee, dann nach Westen, wo das große Meer ist, das manche Ginnungagap nennen und zwischen die Länder hineinreicht. Dort heißt [das Land] zuerst Vinland das Gute, dann Markland, dann geht es unbewohnt bis Grönland, wo die Eskimos wohnen.» (Handschrift AM 779b, 4to, 17. Jahrhundert)[36]

Der auffälligste Unterschied der mittelalterlichen skandinavischen Geographie zur heutigen – und somit einer, der für die Fahrten nach Amerika direkt relevant ist – betrifft jedoch die Ansicht, dass Grönland mit Nordnorwegen über eine Landbrücke verbunden sei. Die angeführten Zitate beschreiben diese «Tatsache» des damaligen nordeuropäischen Weltbilds, wenn sie von dem Land zwischen Bjarmaland am Weißen Meer und Grönland sprechen. Daraus resultierte die Vorstellung, das Polarmeer im Norden sei nur eine Bucht zwischen Norwegen und Grönland, und tatsächlich wurde dieser Bereich einfach als Hafsbotn «Meeresbucht» bezeichnet. Dadurch entstand der Eindruck – und dies war sicherlich für die wikingerzeitlichen Fahrten von Norwegen nach Island und von dort nach Grönland und weiter nach Amerika mit ausschlaggebend –, der Nordatlantik sei eine Art Binnenmeer der Skandinavier, das im Osten von Norwegen und Dänemark, im Westen von Grönland flankiert und im Norden begrenzt wurde von der fiktiven Landbrücke, die man auch als Grönlands *óbygðir* «Einöden Grönlands» oder phantasievoller als Jötunheim oder gar Rísaland (beides «Riesenland») bezeichnete.

Als dann die Skandinavier nach dem Jahr 1000 ihre Expeditionen nach Vinland unternahmen und dabei feststellten, dass die kanadische Ostküste dieses Meer im Westen auch noch viel weiter nach Süden begrenzte – immerhin mindestens gute sieben Segeltage weit, wenn wir den Vinland-Sagas Glauben schenken wollen –, drängte sich offenbar noch eine weitere Vermutung auf, die dann etwa in der zu Beginn des Kapitels genannten Textstelle eines hochmittelalterlichen isländischen Geographietraktats niedergeschrieben wurde: Diese neuen Länder im Westen mussten irgendwo weiter südlich – wohin die Expeditionen also offenbar nicht vorgestoßen waren – mit Afrika zusammenhängen.

In diesem überschaubaren Meer lagen nach der mittelalterlichen Vorstellung auch die großen Inseln Großbritannien, Irland und Island sowie eine Reihe kleinerer Inselgruppen – etwa die Hebriden, die Orkneys, die Shetlands und die Färöer als die größeren davon –, sodass der Eindruck entstehen konnte, der Nordatlantik sei nicht nur eng umgrenzt, sondern auch dicht von Inseln durchsetzt. So wird er

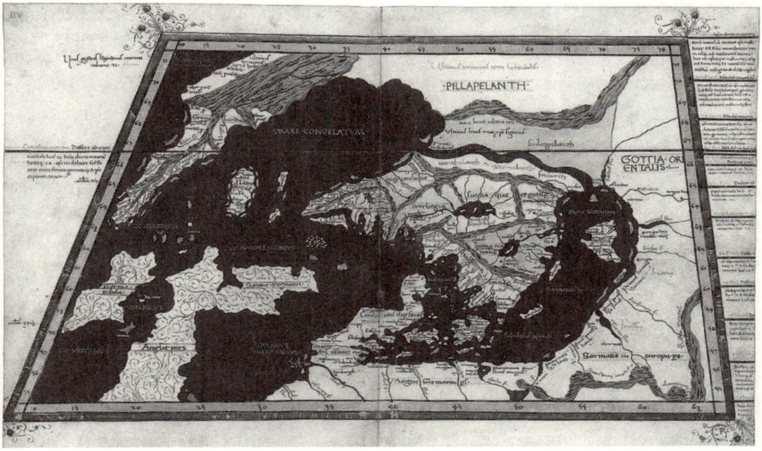

Eine Skandinavienkarte von 1467 mit der Landbrücke nach Grönland

denn auch auf praktisch allen Karten der Frühen Neuzeit dargestellt, die ganz offenbar von den Kenntnissen der Skandinavier gespeist wurden.

Insgesamt lässt sich also von den geographischen Vorstellungen der frühmittelalterlichen Skandinavier sagen, dass sie sich zu Schiff sowohl im Nordatlantik als auch im Mittelmeer und übrigens auch im Schwarzen Meer wie in Binnenmeeren bewegten. Diese Meere boten lange Küsten mit der Möglichkeit terrestrischer Navigation, überschaubare Distanzen bei der Überquerung von Hochseestrecken, Inseln als Stationen bei diesen Überquerungen, und schließlich hatten die skandinavischen Seefahrer Kenntnisse der Küstenformationen und Landmarken durch eigene oder mündlich tradierte Erfahrungen.

Doch nicht nur der Nordatlantik war Teil des Weltbildes der wikingerzeitlichen Seefahrer. Auch die östliche Route über die Flüsse Russlands bis zum Schwarzen Meer, ja offenbar auch bis zum Kaspischen Meer war in Skandinavien bekannt. Dazu kamen schon in der Mitte des 9. Jahrhunderts die ersten Umrundungen der Iberischen Halbinsel, als sich die Wikingerführer Hástein und Björn Eisenseite im Jahr 859 durch die Straße von Gibraltar nach Italien aufmachten

– angeblich, um Rom zu erobern. Dass sie dann (versehentlich?) stattdessen die Stadt Luna (oder Pisa?) weiter nördlich an der ligurischen Küste erobert und geplündert hätten, mag reine Angeberei gewesen sein. Jedenfalls berichten schon zeitgenössische Chroniken, dass eine Wikingerflotte vom Mittelmeer her in die Rhone eingedrungen sei und dort geplündert habe. Wenigstens dieser Teil der schon damals auf Effekthascherei angelegten Geschichte entsprach also tatsächlich der Wahrheit.

Noch weiter östlich in die Welt des Mittelmeeres verschlug es rund 150 Jahr später den letzten echten Wikingerkönig, den Norweger Harald den Harten (Haraldr hardraði, reg. 1047–1066), der in seiner Jugend als Heerführer in der Warägergarde in Byzanz diente. Von ihm wird berichtet, er habe im Auftrag der oströmischen Kaiser nicht nur in Sizilien Krieg geführt, sondern auch in Bulgarien und im Nahen Osten. Wo auch immer er tatsächlich unterwegs gewesen war, die erfolgreichen Kriegszüge brachten ihm einen derart hohen Beuteanteil ein, dass er im Jahr 1046 damit eine Armee aufstellen und sich sein Königreich in Norwegen zurückerobern wollte, woraufhin ihm sein Neffe Magnus kampflos die halbe Herrschaft überließ.

Harald war aber keineswegs der einzige Skandinavier, der sich in den Nahen Osten aufmachte. Ein halbes Jahrhundert nach dem Ende der Wikingerzeit unternahm der norwegische König Sigurd I., genannt der Jerusalemfahrer, mit einer Flotte von 60 Schiffen über die Straße von Gibraltar eine mehr als vierjährige Reise. Er kam mit seinen Schiffen gegen Ende des 1. Kreuzzugs im Jahr 1110 in Palästina an, wo er an der Belagerung Sidons teilnahm, bevor er über Konstantinopel und Kiew den Heimweg antrat. Auch später scheuten sich die Skandinavier nicht vor der langen Reise in den Nahen Osten: neben zahlreichen Pilgerreisenden ins Heilige Land erwähnt die Chronik über den Kreuzzug des französischen Königs Ludwig des Heiligen, dass 1251 in Caesarea ein norwegischer Ritter mit seinem Schiff auftauchte, der um Spanien herum nach Palästina gesegelt war, um die Kreuzfahrer zu verstärken!

Es ist also eine ausgeprägte Reiselust der Skandinavier im frühen Mittelalter zu konstatieren, die vor Schiffsreisen über 8000 km Seeweg von Norwegen bis ins östliche Mittelmeer nicht zurückschreck-

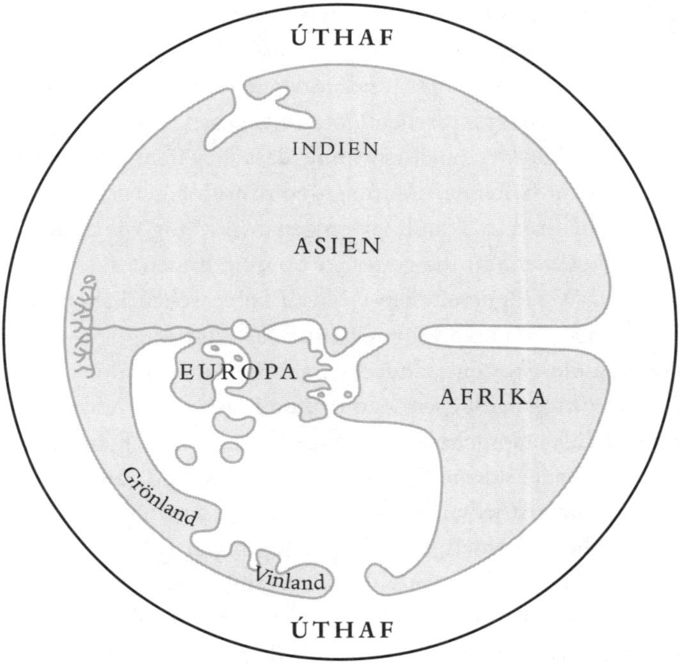

Das mittelalterliche Weltbild der Skandinavier (nach Simek 1986)

ten und auch nicht vor Reisen in das knapp 3000 km entfernte Grönland. Dorthin schickten die Bischöfe der norwegischen Erzdiözese Trondheim mindestens 300 Jahre lang einmal im Jahr ein Hochseeschiff, um ihre Schäflein im fernen Grönland mit dem Nötigsten zu versorgen – und wohl auch, um dort den kirchlichen Zehnt zu kassieren, der in Form begehrter Handelswaren wie Seehundfelle, Jagdfalken, Eisbären oder gar Narwalzähne, die in Europa als Einhornhörner begehrt waren, abgeliefert wurde. So ist belegt, dass es eben bis ins 14. Jahrhundert hinein, trotz der Klimaverschlechterung und der Pestepidemie, einen jährlichen Schiffsverkehr zwischen Trondheim und dem Bischofsitz Gardar in Grönland gab.

All dies gilt es, als Hintergrund zu beachten, wenn die Reisen nach Amerika beleuchtet werden, denn es zeigt, dass die Expeditionen in neue Lande die wikingerzeitlichen Seefahrer zwar mit neuen, unbekannten Küsten konfrontierten, aber von der reinen Segeldistanz und den navigatorischen Herausforderungen her keine unüblichen Hürden darstellten und deswegen durchaus als integraler Teil des weiten geographischen Horizonts gesehen werden können.

Schließlich sei hier noch erwähnt, dass von dem in der Neuzeit sich hartnäckig haltenden Märchen vom mittelalterlichen Glauben an eine flache Erde in Skandinavien genauso wenig wie anderswo in Skandinavien auch nur die geringste Spur zu finden ist. Zwar haben wir aus der Wikingerzeit selbst – weil keine schriftlichen Quellen erhalten sind – keinerlei Hinweise auf das diesbezügliche Weltbild, doch schon die ältesten Handschriften, die 100–150 Jahre nach dem Ende der Wikingerzeit zwischen 1150 und 1200 entstanden sind, enthalten wie die entsprechenden Handschriften auf dem europäischen Festland Beispiele für die Erkenntnis, dass die Erde rund sei wie ein Ball. Noch dazu ist jedem Seefahrer bewusst, dass ein Punkt auf der Erdoberfläche von einem Schiffsmast aus länger sichtbar ist als vom Schiffsdeck. Diese Erkenntnis als Beweis für die Kugelform der Erde war schon seit der Antike im Schrifttum verbreitet (der erste schriftliche Beleg findet sich bei Plinius dem Älteren im 1. nachchristlichen Jahrhundert), und es ist sehr unwahrscheinlich, dass ausgerechnet die Wikinger – als die erfahrensten Seefahrer des Mittelalters – diese Folgerung nicht ebenfalls gezogen haben.

8. Vinland in der Gelehrtenwelt des Mittelalters

> «Dort heißt [das Land] zuerst Vinland das Gute, dann ist Markland, dann geht es unbewohnt bis Grönland [richtig: Helluland], wo die Skrælingar wohnen. Dann ist es wieder unbewohnt bis Grönland, und dort sind zwei Ansiedlungen, die östliche und die westliche. Aber dann kommen Meeresbuchten, Gletscher, Gebirge und Einöden bis zum Gandvik [«Zauberbucht» = Weißes Meer] bei Norwegen. Dieser Bericht findet sich in isländischen Büchern, dass ein Mann zu Fuß aus Grönland nach Norwegen ging, über all diese zufluchtslosen Gletscher und Einöden, was man für große Neuigkeiten hielt. Er führte eine Ziege mit sich und ernährte sich von ihr, davon wurde er Ziegen-Hallr genannt.» (Handschrift AM 779b, 4to)[37]

Diese Art «Belege» für die «Fakten» der mittelalterlichen Geographie finden sich immer wieder in der mittelalterlichen skandinavischen Literatur, sie dienten dazu, das überlieferte Wissen mit der Hilfe von Augenzeugen oder durch alte Bücher abzusichern. Für die Existenz einer Landbrücke zwischen Norwegen und Grönland wird in einer anderen Handschrift noch ein weiterer «Beweis» angeführt, dass nämlich auf diesem Wege angeblich Rentiere zwischen Norwegen und Grönland wandern würden (so die verlorene Handschrift *Gripla*)[38].

Zwar scheinen die geographischen Beschreibungen der Neuen Welt im skandinavischen Hoch- und Spätmittelalter fast durchweg auf die in den beiden Vinland-Sagas beschriebenen Entdeckungen zurückzugehen, das heißt jedoch nicht, dass die Sagas selbst die Quelle des Wissens darstellten – dazu wurden sie wohl selbst zu spät verfasst. Das Interesse an Vinland riss offenbar auch nach den ersten Fahrten nicht ab, denn noch für die Zeit ein gutes Jahrhundert nach den ersten Expeditionen erwähnen etliche isländische Annalen, darunter die im 13. Jahrhundert abgeschlossenen *Annales regii*[39] für das

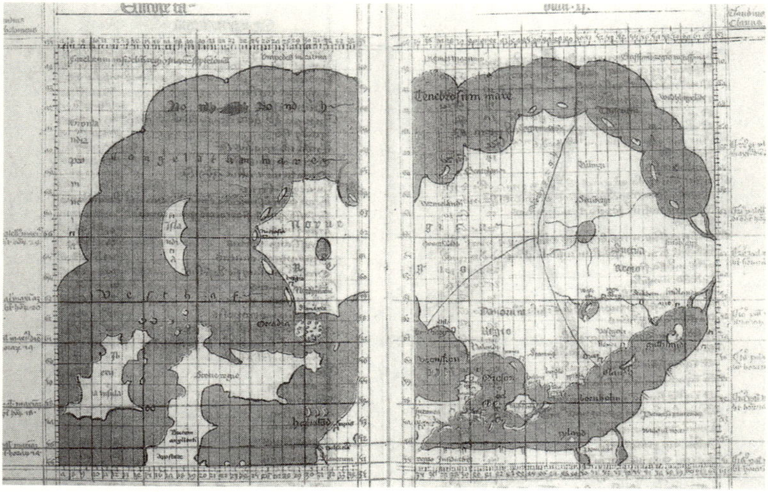

Die sogenannte Nancy-Karte des dänischen Kartographen Claudius Clavus von ca. 1424–27

Jahr 1121: «Eirik, der Bischof von Grönland, fuhr aus, um Vinland zu suchen.»

Wie viele weitere Expeditionen darüber hinaus noch ausfuhren, um das sagenhafte Vinland zu finden, wissen wir nicht,[40] aber es ist überraschend, dass Nachrichten über tatsächliche oder angebliche Fahrten noch lange in der Literatur zu finden sind. Dabei darf nicht vergessen werden, dass – bis ins späte 13. Jahrhundert noch intensiver stattfindenden – Reisen nach Grönland vermutlich nicht nur im späten 10. Jahrhundert, sondern auch danach immer wieder zu zufälligen oder ungewollten Berührungen mit den Ländern der Neuen Welt führten. Diesbezüglich ist eine Bemerkung in den isländischen Annalen des Bischofssitzes Skálholt für das Jahr 1347, in der über eine stürmische Periode berichtet wird, wohl typisch:

> «Da kam ein grönländisches Schiff, kleiner gebaut als die kleinen Islandfahrer, das kam in den äußeren Straumfjord und hatte den Anker verloren. Darauf waren 17 Mann, die waren nach Markland gefahren und wurden hierher getrieben.» (*Skálholts-annáll*)[41]

Diese Stelle hat man so interpretiert, dass Fahrten der Grönländer wenigstens bis Markland auch in kleinen Schiffen noch im 14. Jahrhundert an der Tagesordnung gewesen und somit auch Fahrten weiter bis Vinland für diese Zeit keineswegs auszuschließen seien.[42] Über solche Fahrten sind jedoch keine schriftlichen Belege auf uns gekommen, und viele Forscher zweifeln an, dass es weitere Expeditionen nach Vinland gegeben habe, vor allem, da man in Markland den wichtigen Rohstoff Holz über eine viel geringere Entfernung besorgen konnte.

Interessant daran ist, dass die Länder südwestlich von Grönland in zahlreichen isländischen Texten das ganze Mittelalter hindurch tradiert wurden, vor allem die Abfolge Helluland, Markland und Vinland, «welches, wie einige Leute glauben, von Afrika ausgeht» (so am Ende einer kurzen Weltbeschreibung in der Handschrift AM 736 I, 4to von ca. 1300); ganz ähnlich, aber ohne den Zusatz über Afrika, findet sich diese Liste der Ländernamen in der Handschrift AM 764, 4to aus dem 14. Jahrhundert. Doch auch die Furdustrandir (altnord. *Furðustrandir*) fanden Eingang in die wissenschaftlichen Schriften des Hoch- und Spätmittelalters:

> «Nun ist zu berichten, was nach der erwähnten Bucht an Grönland grenzt: Furdustrandir heißt ein Land, dort herrscht strenger Frost, sodass es nach menschlichem Wissen nicht bewohnbar ist. Südlich davon ist Helluland, welches Skrælingarland genannt wird, dann ist es nicht mehr weit nach Vinland dem Guten, welches nach Ansicht einiger Leute von Afrika herüberreicht. Zwischen Vinland und Grönland liegt Ginnungagap, das reicht vom Meer herein, welches Mare Oceanus heißt und um die ganze Welt geht.» (z. B. AM 208, 8vo; vgl. dazu auch das verwandte Zitat aus AM 194, 4to am Anfang von Kap. 7)[43]

Die Frage ist, auf welche Weise sich diese geographischen Kenntnisse über Jahrhunderte hinweg nicht nur in den beiden romanartigen Sagas, sondern auch in der wissenschaftlichen geographischen Literatur erhalten haben. Es finden sich Erwähnungen, zumindest von Vinland und Markland, in mindestens fünf verschiedenen Tex-

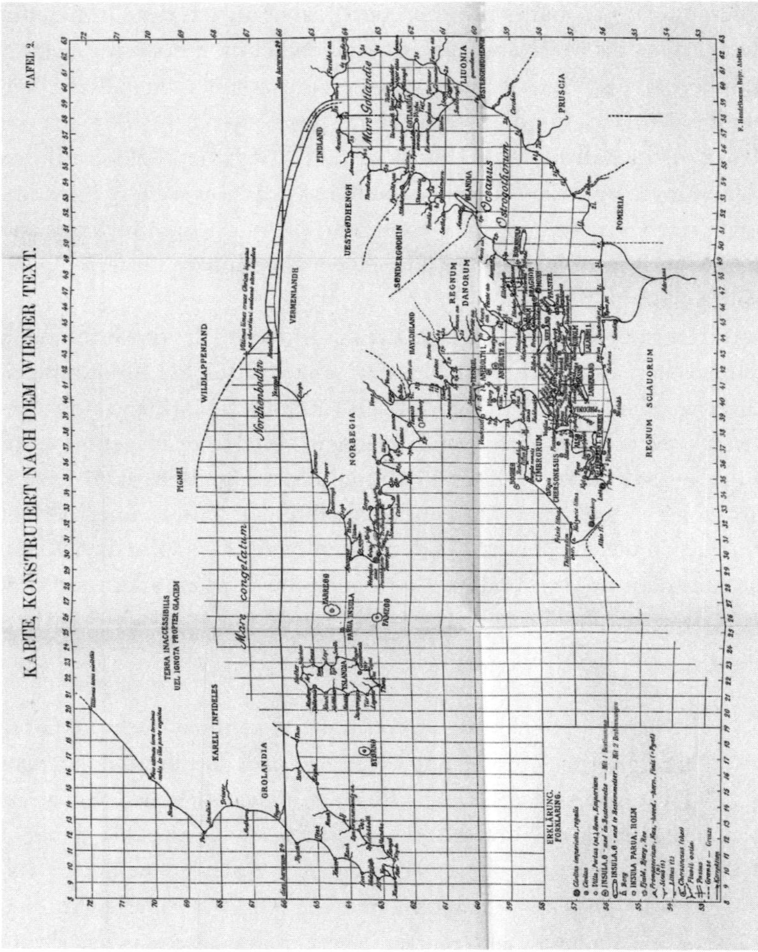

Rekonstruierte Karte des Claudius Clavus nach den Wiener Koordinaten (nach Björnbo 1909)

ten in wenigstens 23 Handschriften bis in die Frühe Neuzeit. Das lässt zum einen darauf schließen, dass das Wissen darum in Island unter gebildeten Klerikern im Mittelalter zum Allgemeinwissen gehörte, denn die Handschriften reichen zurück bis um das Jahr 1300. Zum anderen wird auch in den jüngeren Handschriften aus dem

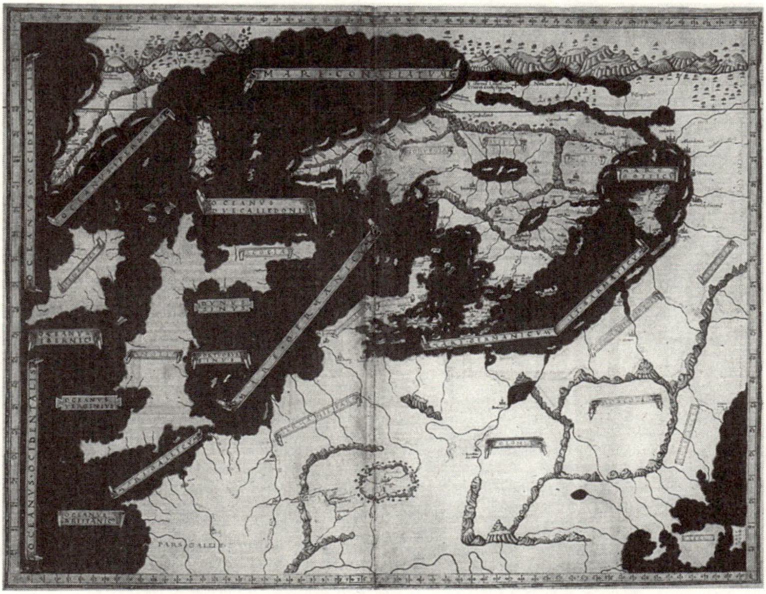

Skandinavienkarte des Henricus Martellus von ca. 1490 mit der Landbrücke nach Grönland

17. Jahrhundert nirgendwo ein Bezug zu den Entdeckungen des Kolumbus und seiner Nachfolger um 1500 hergestellt: Das isländische Wissen galt offenbar als skandinavisches, vielleicht sogar isländisches Sonderwissen, das man auch nach dem Abreißen der Verbindungen zur grönländischen Kolonie um oder schon vor 1500 unverändert weitertradierte, ohne es in Beziehung zu bringen mit den Entdeckungen, die außerhalb Skandinaviens in der Frühen Neuzeit gemacht wurden.

Im Gegenteil: die skandinavischen Entdeckungen im Nordwestatlantik während der Wikingerzeit drangen eher in das südeuropäische geographische Wissen ein als umgekehrt. Dies lag vor allem an den Arbeiten des dänischen Geographen Claudius Clavus (in Dänemark auch Claudius Claussön Swart genannt) an der Wende vom 14. zum 15. Jahrhundert. Zwar wissen wir nicht mehr über ihn, als dass er am 14.9.1388 auf der Insel Fünen geboren wurde und sich

Sigurdur Stefánssons Nordatlantik-Karte, handschriftlich von 1579, mit Vinland im Südwesten

1422–23 in Rom in gelehrten klerikalen Kreisen aufhielt. Er war es dann, der erstmals das nun wieder aufgegriffene ptolemäische Kartensystem (welches im Wesentlichen eine genordete Darstellung mit einem Gradnetz verband) mit den Nachrichten über Grönland und Vinland verband und eine Karte herstellte, die nicht nur Koordinaten für die wichtigsten Orte und Kaps in Festlandskandinavien enthielt, sondern darüber hinaus auch noch Daten über Grönland, die er aus Island bezogen haben dürfte, da die Darstellung Islands und Grönlands ganz in der skandinavischen Tradition steht. Von seinen zwei Karten ist nur mehr die in der Bibliothek von Nancy (aus der Zeit zwischen ca. 1424–1427) erhalten, aber zwei Abschriften mit den Listen der Koordinaten der anderen Karte, die man auf 1425–1439

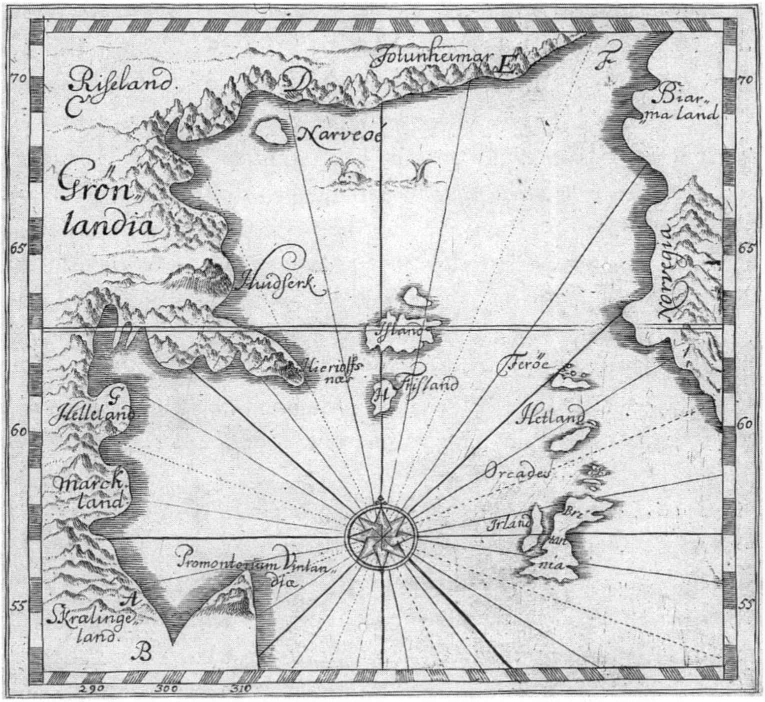

Sigurdur Stefánssons Nordatlantik-Karte, nach dem Druck von Thormodur Torfason, 1607, mit Vinland im Südwesten

datiert, haben sich in der Wiener Nationalbibliothek erhalten – wohl nicht ganz zufällig, weil in den ersten Jahrzehnten des 15. Jahrhunderts an der Universität Wien und dem Augustinerchorherrenstift Klosterneuburg ein intensives Interesse an Geographie und Kosmographie bestand.[44] Allerdings hatte Claudius Clavus seine Kenntnisse über Grönland wohl keineswegs aus eigener Anschauung, auch wenn die Darstellung der Form Grönlands überraschend exakt ist und er behauptete, die Küste Grönlands nach Norden bis 70°10' selbst bereist zu haben. Zwar entsprechen die Küstenlinie und die Landbrücke nach Europa dem, was wir auch von skandinavischen Karten der folgenden Jahrhunderte kennen, doch die Legenden für die Kaps und Fjorde oder die Flüsse Grönlands sind aus den Wörtern eines dänischen Volkslieds über Grönland sowie aus 20 dänischen Zahlwörtern fingiert, und die entsprechenden Ortsnamen in Island bestehen zur Mehrzahl aus danisierten Runennamen.[45]

In Italien hat Clavus diese geographische Angaben dann vermutlich an andere, auch deutsche Kartographen wie Donnus Nicolaus Germanus (auch Donis Germanus) und Henricus Martellus Germanus weitergegeben, aber nur die Nordeuropakarten und Weltkarten des Letzteren enthalten Darstellungen von Grönland, die das skandinavische Bild des Westatlantiks erstaunlich genau wiedergeben. Hier finden sich sowohl die prägnante Form Südgrönlands als auch die Landbrücke zwischen Nordostgrönland und Nordnorwegen wieder, und diese Karten wurden handschriftlich relativ weit verbreitet (so in einem Florentiner und einem Zeitzer Codex vor 1490).

Das Bild von Skandinavien mit den Gebieten westlich des Nordatlantiks, das uns in den genannten kosmographischen Texten des Mittelalters begegnet, ist in diesen in Südeuropa gefertigten Karten naturgemäß weniger detailliert als auf einigen zwar späteren, dafür aber aus Island stammenden Karten, die zuerst handschriftlich überliefert und dann im 16. und 17. Jahrhundert gedruckt wurden. Dabei geben diese ein rein mittelalterliches Weltbild wieder, das sicherlich auf direkte Informationen aus Island und Grönland über die Küstenregionen der Neuen Welt zurückgeht, so die bekannte Karte des isländischen Bischofs Sigurdur Stefánsson von 1579,[46] die noch 1670 in ähnlicher Form gedruckt wurde.

Die angeblich aus dem 15. Jahrhundert stammende sogenannte Vinland-Karte der Yale University, die ebenfalls Grönland und Vinland zeigt, soll in Kapitel 11 behandelt werden, da sie nach derzeitiger wissenschaftlicher Meinung als Fälschung gilt. Sie weicht in der Darstellungsform so sehr von den bisher behandelten Karten ab, dass sie nicht in die spätmittelalterliche Tradition der Kartographie Grönlands und Vinlands passt und schon deshalb, abgesehen von chemischen Untersuchungen, als höchst verdächtig einzustufen ist.

Dagegen werden andere, durchaus ernstzunehmende Quellen für mittelalterliche skandinavische Entdeckungsreisen in der Forschung meist ignoriert. So findet sich etwa in einer ganzen Reihe von islän-

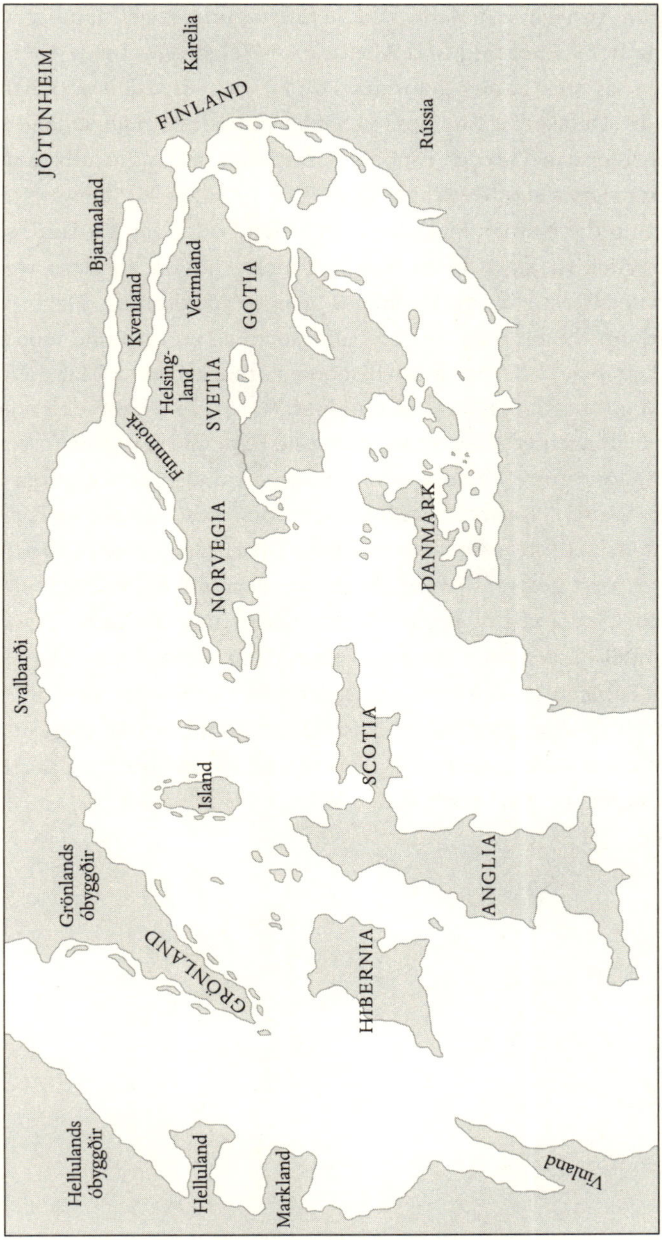

Rekonstruiertes spätmittelalterliches Weltbild von Nordeuropa (nach Simek, 1986)

dischen Annalen zum Jahr 1285 die Eintragung, zwei isländische Brüder namens Thorvald und Aðalbrandr Helgason – beide Kleriker – hätten «Neues Land» gefunden, und zwar «draußen westlich von Island». Dabei erwähnt nur eine der Annalen (*Höyersannáll*), dass die Brüder dabei an den Einöden Grönlands entlanggefahren wären. Eigenartigerweise erwähnt keine der Quellen zu dieser Neuentdeckung die Namen Helluland, Markland oder gar Vinland, sodass es möglich ist, dass dieses *Nýjaland* nicht südlich, sondern westlich oder nordwestlich von Grönland gelegen haben mag. Dazu passen allerdings die Einträge in den *Flateyjarannáll* zu 1289 und 1290 sowie die Angaben in der Saga des Bischofs Lárentíus von Hólar nicht, der norwegische König Eirik Magnusson (1280–1299) habe einen gewissen Hrolf nach Island gesandt, um eine Expedition in dieses Neuland zu organisieren,[47] denn an den einsamen und unfruchtbaren arktischen Weiten Nordkanadas hatte die norwegische Krone sicher kein so intensives Interesse, dass es ihr die Ausrüstung eines Expeditionsschiffs wert gewesen wäre. Auch die Vermutung, es habe sich bei diesem Neuland um einen Abschnitt der grönländischen Ostküste gehandelt, macht vor diesem Hintergrund wenig Sinn.[48] So bleiben diese Fahrten an die Küsten Amerikas enigmatisch, obwohl sie in etlichen Quellen gut belegt sind. Doch erfahren wir eben nur von den Reisen selbst, nicht aber von ihrem Anlass oder gar der Natur der Entdeckungen in der Neuen Welt.

9. Der Mythos von Vinland: Vinland als Gelobtes Land

«Außerdem erzählte er [der Dänenkönig Sven Estridsson], viele Männer hätten in diesem Ozean noch eine weitere Insel entdeckt; sie heiße Winland, weil dort wilde Weinstöcke wuchsen, die besten Wein bringen. Nicht ausmalenden Vermutungen, sondern zuverlässigen dänischen Berichten entnehme ich auch, dass dort ohne Aussaat reichlich Getreide wächst. Nach dieser Insel, sagte er, findet man in diesem Ozean kein bewohnbares Land mehr, [...].» (Adam von Bremen: *Gesta Hammburgensis ecclesiae pontificum* IV, 39)[49]

Diese Nachricht von der Entdeckung Vinlands findet sich um 1070 in der «Geschichte der Hamburgischen Bischöfe» des gelehrten deutschen Klerikers Adam, lange vor der Niederschrift der Vinland-Sagas im Island des 13. Jahrhunderts. Der am Bischofshof in Bremen tätige Adam war auch sonst bestens über die Ereignisse in Skandinavien informiert, das zu dieser Zeit zur Erzdiözese seines Brotherrn gehörte. Wie sein Informant, der Dänenkönig Sven Estridsson (1019–1076), war der Verfasser offenbar schon in dieser Zeit einer Version der Geschichte aufgesessen, die den Namen Vinland mit dem altnordischen Wort *vín* «Wein» in Verbindung brachte, anstatt wie vermutlich ursprünglich mit dem Wort *vin* «Weide». Darüber hinaus flossen schon bei diesem wohlinformierten Historiker Elemente der Beschreibung der sagenhaften *insulae fortunatarum*, der «Inseln der Glücklichen» (oder *insulae fortunatae*), mit ein, über die das im Mittelalter bestens bekannte enzyklopädische Werk des Isidor von Sevilla, die *Etymologiae* (XIV, 6) vom Anfang des 7. Jahrhunderts, informierte:

«Die Inseln der Glücklichen [oder Seligen] zeigen durch ihren Namen, dass sie alles Gute besitzen, gleichsam glücklich und selig durch den Überfluss an Früchten. Entsprechend ihrer Natur bringen sie die Früchte herrlicher Wälder hervor. Die Höhen der Hügel sind von wilden Reben bedeckt, und statt Kräutern sind [wilde] Ernten und Gemüse üblich.» (Isidor: *Etymologiae*, XIV, vi, 8)[50]

Solche idealisierenden klassischen Schilderungen gehen auf die Antike zurück, auf die Vorstellung von den «Inseln der Seligen». Diese wurden als natürlich fruchttragend beschrieben, so wie oben von Isidor, und im westlichen Atlantik lokalisiert, weit entfernt von den Küsten Europas. Damit boten sie sich geradezu als Muster für die Beschreibung eines idealen Landes an, das man im Westen fand oder wiederzufinden hoffte. Ein Teil der Beschreibung von Hop, das Thorfinn Karlsefni im 10. Kapitel der *Eríks saga rauða* findet, weist deutliche Spuren einer solchen idealisierten Landschaft auf:

«Sie fuhren nun lange, bis sie einen Fluss erreichten, der vom Land her in einen See und von dort ins Meer strömte. An der Flussmündung lagen große Sandbänke, sodass man nur bei Flut in den Fluss einlaufen konnte. Karlsefni und seine Leute liefen in die Mündung ein und benannten das Land Hop [«Haff»]. Wo das Land tiefer lag, fanden sie wilden Weizen, aber auf den Hügeln wuchsen überall Weinreben. Jeder Bach war dort voller Fische.» (*Eiríks saga rauða*, Kap. 10, ähnlich *Grænlendinga saga*, Kap. 3)[51]

Schon im alten Rom ist in der Schilderung der *Fortunatae insulae* in der Naturgeschichte von Plinius dem Älteren (gest. 79 n. Chr.) von solchen geographischen Gegebenheiten die Rede, ohne dass diese die direkten Vorlagen für die Vinland-Sagas gewesen sein müssen. So heißt es etwa bei Plinius:

«Bezüglich der Insel der Seligen hat Juba folgende Tatsachen herausgefunden: sie liegen südlich in einer fast genau westlichen Richtung, von den Purpurinseln 625 Meilen entfernt, wobei zuerst 250 Meilen genau nach Westen, dann 375 Meilen östlich gesegelt werden muss. Er hält fest, dass die erste Insel Ombrios heißt und überhaupt keine Gebäude hat, aber zwischen Bergen liegt ein

See und kerzengerade Bäume, und von den schwarzen wird bitteres Wasser herausgepresst, aber von den weißen gutes Trinkwasser.» (*Plinius: Naturalis historia*, 6,37)[52]

Man sollte die Ähnlichkeiten jedoch nicht überbewerten, auch nicht die Aussage der *Grænlendinga saga*, in dem von Leif gefundenen Land hätten die Seefahrer den Tau an den Grashalmen gekostet und gemeint, «sie hätten noch nie etwas so Süßes gekostet» (*Grænlendinga saga*, Kap. 3). Dies erinnert natürlich an die Schilderungen des Gelobten Landes im Alten Testament, in dem «Milch und Honig fließen» (Dtn. 8,7–8), und wo ebenfalls der Tau eine große Rolle spielt: «ein Land voll Weizen und Wein, die Himmel träufeln Tau herab.» (Dtn. 33,28). So verweist auch eine Bemerkung Thorvalds in der *Grænlendinga saga* über den von ihm auserwählten Siedlungsplatz namens Krossanes «Kreuzkap» (!) in Vinland auf das Neue Testament: «Hier ist es schön, hier will ich meinen Hof bauen» (*Grænlendinga saga*, Kap. 5). Nach dem Lukasevangelium sagt bei der Verklärung Christi Petrus ganz ähnlich: «Meister, es ist gut, dass wir hier sind. Wir wollen drei Hütten bauen.» (Lk 9,33, ähnlich Mk 9,5 und Mt 17,4).

Die Idealisierung der neu gefundenen Länder lässt sich in den hochmittelalterlichen Sagas noch viel weiter nachverfolgen, bis hinein in die Handlung selbst, wie wir sehen werden. Schon der zweifellos von den Entdeckungsreisen selbst stammende Name Vinland ist so zu interpretieren. Dabei soll hier die Diskussion, ob der Name Vinland «Weideland» oder Vínland «Weinland» der ursprüngliche war, gar nicht wieder aufgerollt werden. Doch es darf vermutet werden, dass die ersten Entdecker und Kolonisten dieses Land nicht ganz zufällig mit einem doppeldeutigen Namen belegt haben könnten.

So wie Eirik der Rote nach seinen ersten Erkundungsfahrten das gletscherbedeckte Land westlich von Island geschäftstüchtig mit dem verführerischen Namen Grönland «Grün-Land» belegte, so mag auch sein Sohn Leif – absichtlich oder unabsichtlich – an der Version des «Weinlands» statt «Weidelands» interessiert gewesen sein, um weitere Siedler von der Ausfahrt zu überzeugen. Dass die Grönländer hier ein für sie «Gelobtes Land» gefunden hatten, denn «das Land schien ihnen so gut, dass sie meinten, kein Winterfutter zu brauchen» (*Græn-*

lendinga saga, Kap. 3), steht außer Frage und mag von vornherein zu einer Deutung der neuen Küsten als «Weinland» geführt haben. Für Norweger, Isländer und Grönländer war die Vorstellung von einem Land, in dem Wein wild – also gratis! – wächst, ganz sicher faszinierend. Zudem beweisen noch die Sagas Jahrhunderte später, wie wenig Ahnung die mittelalterlichen Skandinavier tatsächlich vom Wein hatten: Denn man wird eben von ein paar Weinbeeren im Wald (!) nicht betrunken, Weintrauben sind auch nicht innerhalb kürzester Zeit in Wein umzuwandeln, und man kann frische Weintrauben nicht schiffsladungsweise auf wochenlange Seereisen mitnehmen. All dies zeigt, dass es sich bei den Berichten von wildem Weizen und wild wachsendem Wein nicht um realistische Formen der Berichterstattung, sondern um idealisierende Erzählungen handelt, die allerdings später selbst dem hochmittelalterlichen Publikum noch mangels besseren Wissens plausibel erschienen. Zudem mussten diese Beschreibungen Vinlands für die in Island und Grönland noch jungen Christen in die Nähe der Paradiesbeschreibungen rücken, wenn von einem Land ohne Frost, mit ausreichend Nahrungsmitteln in den Gewässern und an Land und einer ausgeglichenen Tages- und Nachtlänge die Rede war (*Grænlendinga saga*, Kap. 3) – so wurde im Mittelalter das Paradies beschrieben.[53] Thorvald sagt in seiner Todesstunde: «Wir haben ein gutes Land zur Versorgung gefunden, aber wir werden es kaum nutzen können.» (*Eiríks saga rauða*, Kap. 12) Denn auch zu diesem Paradies gehören der Sündenfall und die Vertreibung, wie in literaturwissenschaftlichen Untersuchungen zur *Grænlendinga saga* gezeigt werden konnte.[54] Der Sündenfall ist hier zweifellos das Verbrechen der Freydis an ihren Reisegefährten (*Grænlendinga saga*, Kap. 8). Auch die Zauberei und Thorsverehrung Thorhalls des Jägers in der *Eiríks saga rauða* (Kap. 8) deuten auf die bevorstehende Vertreibung aus dem Paradies hin. Diese folgt in beiden Sagas auf dem Fuß, wenn auch auf unterschiedliche Weise. In der *Eiríks saga rauða* werden die Grönländer durch die Skrælingar aus Vinland vertrieben, in der *Grænlendinga saga* gleicht die Abfahrt nach der Ermordung von 35 Leuten nur noch einem Raubzug: «Sie beluden das Schiff, das den Brüdern gehört hatte, mit allen wertvollen Dingen, die sie erreichen konnten und die das Schiff zu tragen imstande war.»[55]

Wie die Geschichte des Sündenfalls im Buch *Genesis*, so ist auch die Geschichte von Vinland in den beiden Sagas nicht zuletzt als Charakterprüfung der Protagonisten angelegt, und zwar sowohl der männlichen als auch der weiblichen. Während der noch heidnische Eirik der Rote – er lässt sich als einziger seiner Familie nicht zum Christentum bekehren – das Gelobte Land nie erreicht, und sein Sohn Leif der Glückliche durch die Untat seiner Halbschwester Freydis das Ansehen seiner Familie schwer beschädigt sieht, ist der vernünftige und vorsichtige Thorfinn Karlsefni, der angesichts der Widerstände die Pläne für eine Kolonisierung des neuen Landes schließlich aufgibt, am Ende mit seiner Frau Gudrid unzweifelhaft der positivste der Charaktere und mit ihr Ahnherr einer vornehmen Familie in Island. «Sein Zuname karlsefni könnte in diesem Sinn als sprechender Name gelten. Thorfinn ist aus dem Stoff (*efni*), aus dem der Mann (*karl*) der neuen Zeit gemacht wird.»[56] Noch deutlicher werden die weiblichen Protagonisten kontrastiert. Während Freydis als herrschsüchtige Frau charakterisiert wird, die ihren unbedeutenden Mann Thorvard dominiert und herumkommandiert, ja ihn schließlich sogar zum Massenmord anstiftet, aber schließlich von allen verachtet und selbst ihren Nachkommen Übles prophezeit wird, erscheint Gudrid als geradezu strahlende Gestalt. Schon in Island wird sie nicht mit einem reichen, aber unbedeutenden Mann verheiratet, sondern sie geht mit ihrem Vater nach Grönland, sie überwindet sich in der Seherinnenszene und steht ihrer Gemeinschaft in der Hungersnot trotz ihrer moralischen Bedenken bei. Vor allem aber wird sie bei aller Tüchtigkeit und Klugheit ihrer Frauenrolle (nach mittelalterlicher Ansicht) gerecht: Sie unterwirft sich dem Urteil ihres Vaters und später ihres Schwagers Leif. In Vinland dann, wo Freydis mit entblößten Brüsten Skrælingar in die Flucht schlägt, sitzt sie an der Wiege ihres Kindes und lädt selbst eine Geistererscheinung in ihr Haus ein: Eine Erscheinung, die ihr zeigt, dass die indianische Frau ihr nicht nur im Namen ähnelt. Schließlich erweist sie sich durch ihre Handlungen und ihren gleichermaßen tüchtigen Mann Thorfinn Karlsefni als ideale Ahnfrau eines Geschlechts, aus dem Bischöfe und bedeutende Gelehrte in Island hervorgehen sollten. Letztere wussten die mittelalterlichen Rezipienten der Sagas sicher zu ergänzen, auch wenn die Texte nur drei Bischöfe erwähnen. Man wird zudem nicht völlig falschliegen, wenn man unter den gelehrten Nachfahren auch die Autoren und Auftraggeber der Vinland-Sagas wird sehen wollen. Der Sohn des tüchtigen und glückhaften Paars, Snorri, war im gelobten Vinland geboren worden und ließ später auf Island nicht nur die erste Kirche im Skagafjord bauen, sondern wie seine Eltern wurde er natürlich zum Ahnherr der genannten Bischöfe – diese konnten sich somit wohl als einzige Isländer einer Herkunft aus dem Paradies rühmen, auch wenn sich «Vinland das Gute» nur für eine kurze Zeit als irdisches Paradies erwiesen hatte.

> «Als sie von Vinland absegelten, bekamen sie Wind aus Süden und kamen dann nach Markland und fanden dort fünf Skrælingar. Einer von ihnen war bärtig, zwei waren Frauen und zwei Kinder. Karlsefni nahm die Kinder [gefangen], aber die anderen entkamen, und diese Skrælingar versanken in der Erde. Die zwei Kinder nahmen sie nun mit, sie lehrten sie die Sprache und sie wurden getauft. Als ihre Mutter nannten sie Vethildi und den Vater Ovægir. Sie sagten, dass die Skrælingar von Königen regiert würden, von denen einer Avaldamon und der andere Avaldidida hieße. Sie erzählten, dass es da keine Häuser gäbe, und die Leute in Felshöhlen und Erdlöchern schliefen. Sie erzählen, dass ein anderes Land gegenüber dem ihren liege, wo die Männer wohnten, die in weiße Kleider gehüllt seien und Stangen vor sich hertrugen, an denen Tücher befestigt waren, und die laut schrien, und die Leute glaubten, dass dies Hvitramannaland oder Groß-Irland sei.» *(Eiríks saga rauða*, Kap. 12)[57]

Ganz offenbar sind es nicht nur biblische Bezüge, mit denen die Vorstellungen vom idealen Land im Westen geschürt wurden. Die Geschichte von einem Volk, das in Erdlöchern haust, erinnert einmal mehr an die im Mittelalter gängige Beschreibung von Afrika, wo nach der damaligen Vorstellung das Volk der Troglodyten zu finden ist, das keine Häuser kennt und in Erdlöchern haust. Dieses hatte schon Plinius in seiner Naturgeschichte beschrieben (*Naturalis historia* V, 45), sodass auch diese Stelle nahelegt, der Verfasser der *Eiríks saga* sei von einer Verbindung zwischen Vinland und Afrika überzeugt gewesen. Der Verweis auf Hvitramannaland bzw. auf Groß-irland[58] scheint jedoch noch ganz andere, legendenhafte Bezüge aufzuzeigen: Der Bericht der (naturgemäß heidnischen) Indianerkinder von Männern in weißen Gewändern, die Fahnen trugen und «schrien», also wohl sangen, kann als Außenansicht auf christliche Prozessionen verstanden werden. Diese wurden damit vom Verfasser der Saga durch die Augen der Indianerkinder in einem Land im Westen des Atlantiks angesiedelt. Offensichtlich wollte der Autor damit auf seine Kenntnisse der irischen Legenden von den Seereisen irischer Mönche weit nach Westen hinweisen, die auch Island schon vor den Skandinaviern entdeckt und als Rückzugsgebiet genutzt hatten. Die bekannteste dieser *Imrama* «Seefahrten» war zweifellos die Legende vom hl. Brendan, der mit seinen Gefährten in einem irischen Fellboot, einem *curach*, nach Westen aufgebrochen sein und dabei zahlreiche fabelhafte Abenteuer erlebt haben soll (der hl. Brendan hatte angeblich von etwa 484 bis 577 gelebt, die beliebten Legenden über seine Abenteuer wurden ab dem 11. Jahrhundert schriftlich niedergelegt). Der legendenhafte Charakter von Vinland wird durch den allseits bekannten Rekurs auf die irischen Mönchslegenden zweifellos noch verstärkt und findet so schließlich Eingang in Familientraditionen, die dann in der *Landnámabók* («Buch von der Besiedlung [Islands])» wiedergegeben werden, verfasst im 11. Jahrhundert:

> «Deren Sohn hieß Ari. Er wurde nach Hvitramannaland abgetrieben, welches manche Groß-Irland nennen. Das liegt westlich im Meer in der Nähe von Vinland dem Guten, und man sagt, es seien sechs Segeltage von Irland nach Westen. Dann konnte Ari da nicht wegkommen und wurde dort getauft. Diese Geschichte wurde zuerst von Hrafn dem Limericksfahrer erzählt, der lange in Limerick in Irland gewesen war. Thorkel Gellisson berichtete von den Erzählungen von Isländern, die das von Jarl Thorfinn von den Orkneys gehört hatten, dass Ari in Hvitramannaland gut bekannt gewesen sei und dass es ihm nicht möglich sei, von dort wegzukommen, und er dort in hohen Ehren gehalten wurde.» (*Landnámabók*, *Sturlubók*-Version, Kap. 122)[59]

Obwohl manche Forscher der Meinung sind, Ari sei in Schottland (lat. *Alba* «die Weiße», deswegen «Land der weißen Männer») gefangen gehalten worden, wirkt die obige Geschichte in ihrer überlieferten Form doch sehr abenteuerlich und erinnert durch ihren Hinweis auf Vinland stark an die Erzählung vom Hvitramannaland der Indianerkinder in der Saga von Eirik dem Roten.

Die paradiesartigen Züge Vinlands, die das neuentdeckte Land offenbar schon bald nach der letzten Expedition in der Erinnerung der Teilnehmer und ihrer Nachkommen angenommen hatte, schlugen sich in der Terminologe selbst nieder. Der schon zitierte Ausspruch des Thorvald Leifsson in seiner Todesstunde: «Wir haben ein gutes Land … gefunden» (*Eiríks saga rauða*, Kap. 12) und die durchweg euphorischen Beschreibungen der Fruchtbarkeit der neuentdeckten Küsten führten dazu, dass Vinland hit goða «Vinland das Gute» zur Standardbezeichnung des nunmehr sagenhaften Landes wurde. Wenn von der Familie des Thorfinn Karlsefni die Rede ist, wie etwa in der Beschreibung der isländischen Siedler und ihrer Nachkommen in der *Landnámabók*, taucht der Zusatz auf: «Deren Sohn war Thord Pferdekopf, der Vater von Karlsefni, welcher Vinland das Gute fand» (*Landnámabók, Hauksbók-Version*, Kap. 175).[60] Durch die Aufnahme in die norwegische Königsgeschichte Heimskringla (um 1230) durch Snorri Sturluson als Teil der Vita das Königs Olaf Tryggvason (reg. 995–1000) wird die Entdeckung Vinlands des Guten schließlich mit folgendem Wortlaut kanonisiert:

> «König Olaf sandte in diesem selben Frühling auch Leif Eiriksson nach Grönland, um dort das Christentum zu verkünden, und der fuhr diesen Sommer nach Grönland. Auf dem Meer nahm er eine Schiffsmannschaft auf, die auf einem Schiffswrack gestrandet war, und da fand er auch Vinland das Gute und kam noch im Sommer nach Grönland, wobei er einen Priester und Gelehrte mit hatte, und nahm dann Unterkunft in Brattahlid bei Eirik, seinem Vater. Seither wurde er Leif der Glückliche genannt.» (Snorri Sturluson, *Heimskringla. Óláfs saga Tryggvasonar*, Kap. 96)[61]

Obwohl die Archäologie inzwischen die Anwesenheit von potentiellen skandinavischen Siedlern in der Neuen Welt bestätigt hat, weist das Vinland der Sagas doch eindeutig legendenhafte Züge auf. Das konnten die Verfasser nicht nur für ihre Darstellung bestimmter Charaktere nutzen, sondern sie verstärkten es bewusst, um auf die Bedeutung der frühmittelalterlichen Entdeckungen und Entdeckungsreisen hinzuweisen.

10. Was bleibt von Vinland?

«Karlsefni [...] hatte sein Schiff für die Seereise hergerichtet und wartete auf guten Fahrtwind, und die Leute sagen, es sei nie ein reicheres Schiff von Grönland abgefahren als dasjenige, das er befehligte.» (*Grænlendinga saga*, Kap. 8)[62]

Die Güter, die aus Vinland gekommen waren und die Thorfinn Karlsefni wohl teilweise nach Island mitnahm, werden von den mittelalterlichen Quellen als spektakulär beschrieben. Es kann sich dabei nicht nur um Obst (das kaum länger als eine Saison überlebt hätte) oder um Bauholz gehandelt haben, denn Thorfinn fuhr ja zuerst wieder nach Norwegen, wo es genug davon gab. Doch es gibt Hinweise auf deutlich wertvollere, langlebigere Produkte. Einen Anhaltspunkt für die Wertgegenstände, die man aus der Neuen Welt mitgebracht hatte, geben die Geschichten der Vinland-Sagas. Zum einen sind da die Bündel von Fellen, die die eingeborenen Skrælingar so billig gegen Milchprodukte eingetauscht hatten, wobei Felle von Eichhörnchen und Mardern, es könnte sich auch um Zobel gehandelt haben, ausdrücklich erwähnt werden. Zum anderen ist von einem besonderen Holz die Rede, das aus Vinland kam:

«[Als Thorfinn Karlsefni von Norwegen] zur Abfahrt bereit war, und sein Schiff am Ladekai lag, kam ein Deutscher zu ihm, der stammte aus Bremen in Norddeutschland. Er fragte ihn, ob er ihm die Stevenbretter seines Schiffes verkaufen wolle.

‹Ich möchte sie nicht verkaufen›, sagte Karlsefni.

‹Ich gebe dir eine halbe Mark Gold dafür›, sagte der Deutsche. Karlsefni hielt dies für ein gutes Angebot und verkaufte sie ihm. Der Deutsche ging mit den Planken davon, aber Karlsefni wusste nicht, was das für ein Holz war; es war aber das Ahorn, das aus Vinland stammte.» (*Grænlendinga saga*, Kap. 9)[63]

Ob die skandinavischen Seefahrer wirklich Ahorn aus Vinland mitgebracht haben, muss bei der mangelnden Kenntnis der Isländer von verschiedenen Holzarten dahingestellt bleiben, zudem sind in Deutschland und bis Mittelskandinavien Ahornbäume recht verbreitet. Doch in jedem Fall gab es im Mittelalter die Überlieferung, bestimmte Hölzer aus Vinland würden «mit Gold aufgewogen». Das mag auf den Import von Edelhölzern aus der Neuen Welt hinweisen, auch wenn diese wohl kaum aus den geographischen Breiten von Neufundland gestammt haben dürften.

Mehr ist über die Güter, die nach den Expeditionen in die Neue Welt ins alte Europa gebracht wurden, nicht zu erfahren. Zudem erzählt die *Grænlendinga saga* nur von diesem einen Schiff, das die Reichtümer Vinlands zurück in die Heimat brachte.

Auch die Hinterlassenschaften der frühmittelalterlichen Europäer auf dem neuen Kontinent sind, offenbar auch wegen der kurzen Überlebensdauer der Kolonie, recht karg. Wie die Ausgrabungen in Neufundland bei L'Anse aux Meadows zeigen, sind die archäologischen Funde der Vinland-Relikte auf den ersten Blick wenig spektakulär.

Das Wichtigste für die Bewertung des Siedlungsplatzes ist zugleich das am wenigsten Beeindruckende: etwa 13 kg mit Erde und Steinen durchmischte Eisenschlacke, die noch dazu stark korrodiert in einem der Gebäude in der Umgebung eines großen zersprungenen Steins geborgen wurde und gerade einmal einen einzigen verrosteten Eisennagel enthielt. Doch ist gerade dies der stichhaltigste Beweis dafür, dass die gefundenen Hausgrundmauern von Europäern stammen und nicht von den in dieser Gegend lebenden Beothuk- und Thule-Indianern.[64] Die Ingstads fanden daneben eine Grube, in der man offenbar Holzkohle hergestellt hatte, mit der die für die Eisenverhüttung notwendige Hitze von 1150 °C erreicht werden konnte. Dies bestätigt die Annahme, dass es sich um eine kleine Eisenhütte gehandelt haben muss, in der aus dem in der Gegend zu findenden Rasenerz Eisen zur Reparatur von Schiffen, Werkzeugen und Waffen hergestellt wurde. Die C^{14}-Datierung der Holzkohle selbst ergab Daten zwischen 640 und 990 n. Chr., was durchaus in die Periode der skandinavischen Expansion fällt. An dem Gebäude (Haus A), das der

Die Lage von L'Anse aux Meadows im Norden Neufundlands

kleinen Eisenhütte am nächsten lag, fand sich zudem eine Schmiede, in der das gewonnene Eisen geschmiedet werden konnte, das mittlere Haus (Haus C) besaß eine Tischlerei, die durch zahlreiche Holzabfälle identifiziert werden konnte. Das nordöstlichste Gebäude (Haus F) hatte vermutlich etwas mit der Ausbesserung von Schiffen zu tun, da man hier und in einem Schuppen an der Seite des Hauses einen Großteil der insgesamt 99 Reste von alten Eisennieten fand. Diese müssen bei der Reparatur der Schiffe entfernt worden sein, da sie noch die Spuren der systematischen Abtrennung aufweisen. In diesem Nebengebäude dürfte sich auch eine einfache Schmiede befunden haben. Den einzigen Nagel, der aus dem vor Ort gewonnenen Erz besteht, fand Helge Ingstad in der Schlacke der abseits gelegenen Eisenhütte.

Neben den Eisenresten haben spätere Grabungen, vor allem der Archäologin Birgitta Linderoth-Wallace, weitere Objekte entdeckt, die, wenn auch wenig spektakulär, auf die Präsenz von Skandinaviern hinweisen. So sind von neun gefundenen Feuersteinen aus Jaspis die vier Steine, die im größten und nördlichsten Haus (Haus F) geborgen wurden, grönländischen Ursprungs, während die Feuersteine aus den anderen Häusern aus Island stammen. Ein kleiner Schleifstein aus Quarzit diente wohl zum Schärfen von Nadeln und stammte aus einem wikingerzeitlichen Nähkästchen.

Dazu kommen Haushaltsobjekte von nordeuropäischem Typ: eine Spinnwirtel, aus einem alten verkohlten Specksteintopf der Dorset-Kultur[65] gefertigt, die in einem angebauten Schuppen des Hauses F gefunden wurde, eine Reihe von faustgroßen Steinen in Haus G, die wohl als Webgewichte gedient hatten, und eine kleine, sehr einfache Öllampe aus Speckstein, der nur in Grönland vorkommt, aber aus dem Besitz der Dorset-Indianer (und möglicherweise aus deutlich späterer Zeit) stammt. Die Fragmente einer beinernen Nadel von typisch skandinavischer Form und ein Wetzstein (der nur für eiserne Geräte und Waffen notwendig ist und daher aus Skandinavien stammen muss) belegen ebenfalls die Herkunft der Siedler in L'Anse aux Meadows.

Zudem sind noch die Reste von Schmuckstücken zu erwähnen, die bei den Ausgrabungen gefunden wurden. Das erste Stück, eine

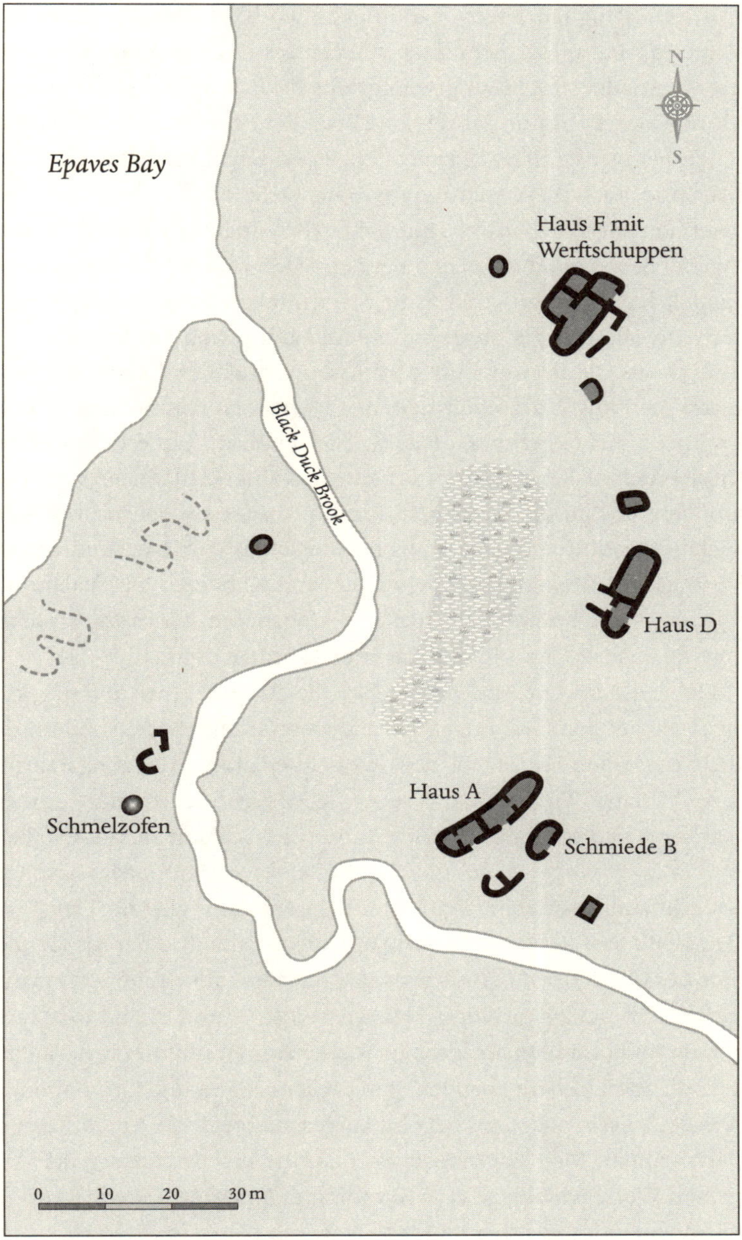

Plan der Ausgrabungen in L'Anse aux Meadows

bronzene Ringnadel westskandinavischen Typs, wurde schon von Helge Ingstad in der Schmiede des Hauses D geborgen. Von dieser Art Ringnadel sind bislang wenigstens elf Exemplare aus Island bekannt. Dazu kommen das winzige Fragment einer vergoldeten bronzenen Hängeöse eines Schmuckstücks und eine einzelne, glasklare Glasperle, auch diese stammt aus Haus D. So dürftig die physischen Reste der Siedlung in Neufundland also sind, so kann doch kein Zweifel bestehen, dass es sich bei den Siedlern um Skandinavier gehandelt haben muss – und zwar nicht nur um Schiffbrüchige, sondern um offenbar gut ausgestattete und keineswegs arme Siedler.

Was uns die drei grauen Walnüsse zu erzählen haben, die man zusammen mit Wurzelholz der entsprechenden Bäume in der Tischlerei bei Haus C gefunden hat, wurde schon in Kap. 6 beschrieben. Diese Fundstücke weisen darauf hin, dass einzelne Fahrten von Neufundland aus an die Küste 500–600 km weiter südlich nach Brunswick unternommen wurden, wobei die Siedlung in Neufundland als Basislager diente. Andere Speisereste sind Knochen von Walen und Robben, jedoch keine Knochen von Haustieren wie etwa Rindern, obwohl diese in den Vinland-Sagas erwähnt werden.

Doch die besten Auskünfte über die Art der Ansiedlung geben nicht die bei den Grabungen gefundenen Gegenstände, sondern die Grundrisse der Häuser. In den Sagas über die Entdeckungsfahrten nach Vinland wird immer wieder der Begriff Leifsbudir, altnord. *Leifsbuðir*, also etwa «Leifs Hütten», für die Gebäude der ersten Siedler benutzt, wobei *buðir* üblicherweise temporäre oder saisonale Grundmauern für zeltartige Unterkünfte waren (wie die *Thingbuðir* «Thing-Buden» auf dem Allthing in Südwestisland). Aber die Grundrisse der Gebäude in L'Anse aux Meadows sind alles andere als provisorisch: Die beiden größeren Hauskomplexe (A und F) sind 30 bzw. 25 m lang und bestehen aus großen Wohnräumen mit direkt daran anschließenden Nebengebäuden, ganz wie in Island und Grönland, die Wände waren aus Grasziegeln aufgeschichtet, die ein hölzernes Dach trugen. Man hat errechnet, dass für die Errichtung der drei großen Wohngebäude je 1000 Kubikmeter Grasziegel sowie 85 große Bäume benötigt wurden.[66] Offenbar waren diese Gebäude also nicht nur als temporäre Lager oder Zwischenstationen für eine längere

Rekonstruktion der Wikingersiedlung L'Anse aux Meadows

Entdeckungsreise konzipiert, sondern für eine längere Besiedlung angelegt – als Basislager für weitere Fahrten nach Süden (so wie es die *Eiríks saga rauða*, Kap. 8, zu suggerieren scheint) oder als permanente Kolonie, wie sie die skandinavischstämmigen Seefahrer von Grönland her kannten. Andernfalls hätte sich jedenfalls der beträchtliche Aufwand für den Bau so großer Häuser kaum gelohnt, denn in den größeren von ihnen hätten 30 bis 50 Personen wohnen können, und man schätzt die Bevölkerung der kleinen Siedlung auf 70 bis 90 Personen. Dies entspräche also etwa den drei Schiffsmannschaften der *Eiríks saga rauða*, und die drei großen Häuser scheinen tatsächlich einer derartigen Gruppe von Siedlern – teils isländischer, teils grönländischer Provenienz – zuzurechnen sein.

Trotz der offenbar ursprünglich auf Permanenz angelegten Gebäude zeigen uns die spärlichen Funde, dass die Siedler hier nur wenige Jahre durchhielten. Was auch immer die Gründe dafür gewesen sein mögen: Hungersnot, Schiffskatastrophen, Zwistigkeiten oder Kämpfe mit der indigenen Bevölkerung, das Überleben der Kolonie von nur zwei bis drei Jahren – so wie es auch in den Sagas geschildert wird – entspricht anscheinend den Tatsachen. Insofern braucht es uns nicht zu überraschen, dass es heute an diesem Ort wenig zu finden gibt und zur damaligen Zeit auch nur wenige Güter aus der sagenhaften Neuen Welt den Weg nach Europa fanden.

11. Die Welt der falschen amerikanischen Wikinger: «Viking Hoaxes» in Amerika

«Eines Tages sahen sie etwas auf der entfernten Seite der Lichtung glänzen und riefen es an. Es bewegte sich und erwies sich als Einfüßler, der zum Flussufer hinunterhopste, wo sie angelegt hatten. Thorvald, der Sohn Eiriks, saß am Steuer, und der Einfüßler schoss ihm einen Pfeil in den Unterleib. Thorvald zog den Pfeil heraus und sagte: ‹Fett ist die Wampe. Wir haben ein gutes Land zur Versorgung gefunden, aber wir werden es kaum nutzen können.›

Thorvald starb dann kurz darauf an seiner Wunde. Da hüpfte der Einfüßige nach Norden davon. Karlsefni und seine Männer verfolgten ihn und bekamen ihn immer wieder zu sehen. Schließlich sahen sie ihn in einer kleinen Bucht davonlaufen. Da sprach einer der Männer dieses Verschen:

Es ist wahr,
dass wir einen Einbeinigen
zum Strand hinunterjagten.
Der Wundermensch raste
Und verschwindet schnell.
Hör doch, Karlsefni!

Dann segelten sie nach Norden davon und dachten, das Land der Einbeinigen zu sehen, aber sie gedachten nicht, das Leben ihrer Mannschaft noch einmal zu riskieren. (*Eiríks saga rauða*, Kap. 12)[67]

Unwahrscheinliche Geschichten von Vinland erzählte man sich also schon im Mittelalter: Fabeln und Wirklichkeit verschwammen bereits im Abstand von 200 Jahren miteinander, und je mehr Zeit nach den Ereignissen verging, desto unwirklicher erschienen die Ereignisse der epochalen Seereisen von Grönland aus im historischen Rückspiegel. Daher konnte auch die Anekdote vom Einfüßler (Skiopoden), der auf die Nähe Vinlands zu Afrika hindeuten soll (S. 56f.), noch als Teil einer realistisch wirkenden Erzählung präsentiert werden.

Für die spätmittelalterlichen Isländer reduzierte sich die Kenntnis von Vinland schließlich auf den Namen eines Landes, das im äußersten Westen der bekannten Länder der Erde verortet wurde, über das man aber kaum etwas zu sagen wusste, sodass es nicht einmal mehr als fiktives Land in den spätmittelalterlichen Abenteuerromanen Islands, den sogenannten originalen Riddarasögur (in Island verfasste «Rittersagas») auftauchte. In dieser Zeit verband man keinerlei Assoziationen mehr mit dem fernen Land im Westen.

Dies sollte sich erst im 19. Jahrhundert ändern, als sich in den USA ein wissenschaftliches Bewusstsein für die eigene Vergangenheit zu entwickeln begann, das jedoch von den verschiedenen Einwanderergruppen unterschiedlich ausgerichtet wurde, je nachdem, wo die Wurzeln der Einwanderer lagen. So traten gegen Ende des 19. Jahrhunderts unter den skandinavischstämmigen Immigranten in den Vereinigten Staaten immer mehr die beiden Vinland-Sagas über die Entdeckung der Neuen Welt in das Blickfeld des Interesses. Dieses wurde vorerst getrieben von der Frage, ob es tatsächlich die frühmittelalterlichen Skandinavier, also «die Wikinger» gewesen waren, die als erste Europäer Fuß auf den amerikanischen Kontinent gesetzt hatten – noch dazu fast 500 Jahre vor Kolumbus, der wiederum für die spanischstämmigen (und überhaupt romanischsprachigen) Einwanderer eine Identifikationsfigur war, die man der zunehmenden Anglisierung Nordamerikas entgegenhalten konnte.

Die Gründe für die Rückbesinnung auf eine wikingische Vergangenheit und damit für die Entstehung eines Wikingermythos sind jedoch vielfältig und keineswegs auf Amerika beschränkt. Um 1800 brachte die Romantik eine Rückwendung zum romantisch verklärten Mittelalter. Zudem führten die Nationalbewegungen in Skandinavien – wie etwa im Fall der Loslösung Norwegens von einer vier Jahrhunderte andauernden Abhängigkeit von Dänemark 1814 – fast von selbst zu einer Konzentration auf die eigene mittelalterliche Vergangenheit. Bei den skandinavischen Auswanderern in die USA, zwischen 1866 und 1923 waren dies in zwei großen Wellen immerhin über eine Million Menschen aus Schweden, über 700 000 aus Norwegen, halb so viele aus Dänemark und 360 000 aus Finnland, kam dazu noch die Notwendigkeit, sich in der Neuen Welt auf eine bekannte und zusätzlich möglichst glorreiche Vergangenheit zur Bewahrung der skandinavischen Identität zu berufen, wofür die Wikingerzeit gute Voraussetzungen bot.

Da aber bis in die 1960er Jahre kein archäologischer Beweis für die Berichte der Vinland-Sagas gefunden worden war, also ein völliger Mangel an physischen Belegen für die Anwesenheit von Skandinaviern westlich von Grönland herrschte, ergriffen wohlmeinende Abkömmlinge der skandinavischen Siedler die Chance, diesen Mangel selbst zu beheben. Hier liegt der Ursprung der «Wikingerfälschungen» (engl. *Viking Hoaxes*) in Amerika, die seit den 1880er Jahren regelmäßig auftauchen und sich in den Einwanderergesellschaften im amerikanischen Mittelwesten, wo sich viele der Auswanderer aus Schweden und Norwegen niedergelassen haben, einer beträchtlichen Popularität erfreuen – obwohl keine dieser Fälschungen wissenschaftlichen Untersuchungen standgehalten hat. Das tut in diesen Kreisen dem Glauben an die Echtheit dieser Belege, und damit dem Glauben an die frühe Anwesenheit von Skandinaviern auf dem Boden der heutigen USA, jedoch keinen Abbruch.[68] Einige der bekanntesten Fälschungen seien von daher im Folgenden angeführt:

1. Einer der frühesten «Funde», und vielleicht bis zum heutigen Tag der spektakulärste «Fund» dieser Art, ist der sogenannte Kensington Stone, ein massiver Runenstein, den ein Bauer schwedischer Abstammung namens Olof Ohmann 1898 auf seinem Hof in Kensington, Minnesota, gefunden haben will. Der ca. 80 cm hohe Runenstein, der in seiner Form durchaus an schwedische Runensteine der Wikingerzeit erinnert, trägt eine recht ausführliche Inschrift, die davon erzählt, dass acht Goten [!] und zwölf Norweger auf einer Erkundungsfahrt westlich von Vinland waren, wo sie eine Tagesreise nördlich des Steins an einer Küste gelagert und bei ihrer Rückkehr vom Fischen zehn ihrer Kameraden «in ihrem Blut» tot aufgefunden hätten. 14 Tagesreisen östlich davon würden weitere zehn Männer das Schiff bewachen. Die Jahreszahl 1362 schließt die Inschrift ab. Nun liegt aber das Jahr 1362 nicht nur

drei Jahrhunderte nach dem Ende der Wikingerzeit, sondern auch etwa 350 Jahre nach der letzten der in den Sagas erwähnten Vinland-Expeditionen. Davon ganz abgesehen, sind die Runen völlig gemischt; etliche stammen aus dem älteren Fuþark, das nach 800 nicht mehr verwendet wurde, andere stammen aus Schweden, zudem ist die Sprache ein Gemisch aus Norwegisch und Schwedisch, das im skandinavischen Mittelwesten des 19. Jahrhunderts verwendet wurde, nicht aber im Mittelalter. Obwohl der Stein von Kensington von Anfang an als Fälschung entlarvt werden konnte, glauben viele Amerikaner immer noch an seine Echtheit. Die Stadt Kensington stellte sogar eine riesige, 18 Tonnen schwere Kopie des Steins auf.

2. Neben dem Runenstein von Kensington gibt es eine ganze Reihe von weiteren Runeninschriften, die meisten davon stammen aus Oklahoma. Selbst die längste von ihnen, auf dem Stein von Heavener, besteht nur aus acht Runen, die – in einer Mischung aus Englisch und Skandinavisch – als *Gnomedal* zu lesen sein könnte, also «Zwergental». Doch haben weder diese noch die Inschriften auf den Steinen von Poteau und Shawnee einer wissenschaftlichen Untersuchung standgehalten: Weder die Runen selbst noch die Art der Ritzung entsprechen den mittelalterlichen Gepflogenheiten. Zwei weitere sogenannte Runenritzungen in Heavener sind nicht einmal als brauchbarer Versuch einer Wiedergabe von Runen zu werten,[69] dasselbe gilt für die Runensteine von Dighton aus Taunton, Massachusetts, und aus Yarmouth, Neuschottland. Insgesamt gibt es über 30 dieser sogenannten Runensteine in Nordamerika, eine echte wikingerzeitliche oder mittelalterliche Inschrift trägt keiner davon. Die Steine sind ohne Ausnahme Fälschungen aus der zweiten Hälfte des 19. und 20. Jahrhunderts.
3. Schon im frühen 19. Jahrhundert wurde der Newport Tower auf Rhode Island als einer der ersten Orte in Nordamerika als wikingerzeitliche Stätte angesehen, einerseits wohl wegen der exponierten Lage des Turms an der amerikanischen Ostküste (knapp 100 km südlich von Boston), andererseits wegen seiner Konstruktion aus unbehauenen Feldsteinen. Diese Art Turmbau, es handelt sich um einen kreisrunden, 8 m hohen und im Durchmesser 7,6 m

Der Newport Tower auf Rhode Island aus dem 17. Jahrhundert

großen Turm mit offenen Rundbögen zu ebener Erde, ist in Skandinavien jedoch völlig unbekannt. Ausgrabungen der Jahre 1949/50 haben dann die Angaben schriftlicher Dokumente bestätigt: Der Turm wurde in den 1650er Jahren als Wachturm eines frühen Gouverneurs erbaut – er hat mit der Geschichte der Wikinger also überhaupt nichts zu tun.

4. Die sogenannten Hellebarden von Lake Darling und aus einigen anderen Orten in Wisconsin und Minnesota wurden vor 1900 als wikingische Breitäxte angesehen, und sie galten vielen als Belege für die Echtheit des Kensington Steins. Allerdings sind diese Äxte, die tatsächlich entfernt an wikingerzeitliche Breitäxte erinnern, aber auf dem Zenit der Klinge abgeflacht sind, Werkzeuge für die Tabakherstellung, die in den 1880er Jahren Verwendung fanden und samt Herstellerfirma gut dokumentiert sind.
5. Die Felszeichnungen von Peterborough, Ontario, wurden von einem amerikanischen Hobbyarchäologen und Autor zahlreicher phantasiereicher Bücher zu «wikingischen» Funden in Amerika, Barry Fell, seit den 1970er Jahren als identisch mit den bronzezeitlichen Felszeichnungen Südskandinaviens bezeichnet. Fell behauptete gar, zwei Arten von «Schrift» in den Petroglyphen identifiziert zu haben. Doch all das ist reine Phantasie, denn es handelt

sich bei den Felszeichnungen nachweislich um Relikte der Algonkin-Indianer aus präkolumbianischer Zeit.

6. Die Wikingerwaffen von Beadmore, Ontario, wurden 1937 entdeckt. Der aufsehenerregende Fund bestand aus einem wikingerzeitlichen Schwert, einer Axt und einer Pferderassel. Die Waffen haben tatsächlich der archäologischen Überprüfung standgehalten, nicht aber die Fundumstände: die Gegenstände stammten aus dem Besitz eines norwegischen Immigranten, der sie von seinem Vater, einem Antiquitätensammler, geerbt und im Jahr 1923 mit nach Amerika gebracht hatte.
7. Etwas rätselhafter ist dagegen der Reiseweg einer kleinen Silbermünze, die als Maine Penny bezeichnet wird, weil sie in diesem Bundesstaat an der Penobscot Bay gefunden, wurde. Der Penny wurde zwischen den ausgegrabenen Artefakten einer Indianersiedlung des 13. Jahrhunderts gefunden, und er ist das einzige europäische Stück unter Tausenden von einheimischen Gegenständen. Die Münze wurde unter dem norwegischen König Olaf Kyrre (reg. 1067–1093) geschlagen, wie sie jedoch in den darauffolgenden zwei Jahrhunderten Amerika erreicht haben kann, bleibt ein Rätsel. Am ehesten wird man an Handelskontakte mit der zu dieser Zeit noch in regelmäßigem Kontakt mit Norwegen stehenden grönländischen Kolonie denken müssen. Die Münze ist echt, doch sie kann nicht als Nachweis wikingischer Präsenz in Maine gewertet werden.
8. Die sogenannte Vinland-Karte ist seit dem Kensington Stone sicherlich der aufsehenerregendste Fund, der Amerika mit dem mittelalterlichen Skandinavien in Verbindung bringt. Zwar hat diese Karte, die 1957 in Spanien aufgetaucht ist, nur indirekt mit der Anwesenheit von Skandinaviern in der Neuen Welt zu tun – sie gehört zu einem umfangreicheren mittelalterlichen Codex, der trotz der sofort aufgeflammten Zweifel an der Echtheit im Jahr 1964 für teures Geld in den Besitz der Yale University überging (deswegen im Englischen mitunter auch als Yale Map bezeichnet) –, doch sie wäre die erste Karte, die Vinland darstellt und dabei die Küste gleichsam kartographiert, wobei der Rest der Handschrift wie auch das Pergament, auf dem die Karte gezeich-

net ist, ins 15. Jahrhundert zu datieren ist. Im Gegensatz zu den anderen, in Kapitel 8 behandelten spätmittelalterlichen Karten von Vinland enthält diese Karte auffällig viel Text in lateinischer Sprache und beruft sich zudem in einem Absatz in der linken oberen Ecke des Kartenblatts ausdrücklich auf die Protagonisten der isländischen Vinland-Sagas:

> «Mit Gottes Willen entdeckten nach einer langen Reise von der Insel Grönland nach Süden zu den übrigen äußersten Gegenden des westlichen Ozeans zwischen die Gletscher, die Gefährten Biarnus und Leiphus Erissonius neues, sehr fruchtbares, nämlich weintragendes Land, das sie die Insel Viniland nannten. Henricus, Bischof des Heiligen Stuhls von Grönland und umgebender Gebiete, entsandt in dieses wahrlich weiträumige und sehr reiche Land, kam dort im letzten Jahr unseres heiligsten Vaters Paschalis ein, blieb dort im Namen des allmächtigen Gottes lange Zeit, sowohl über den Sommer wie auch den Winter, bevor er nach Nordosten nach Grönland zurückkehrte und reiste darauf in demütigster Befolgung höheren Willens weiter.» (Sogenannte Vinland-Karte, Legende zu Grönland)[70]

Dazu finden sich noch einige unübliche Ortsnamen als Legenden auf der Karte selbst: *Isolanda Ibernica* für Island, *Grouelanda* (wohl statt *Gronelanda*) für Grönland und *Vinilanda Insula a Byarno reperta et leipho sociis* «die Insel Vinland, von den Gefährten Bjarni und Leif entdeckt».

Die Tatsache, dass diese Ortsnamen latinisierte Formen der in den Vinland-Sagas enthaltenen Namen sind, wäre an sich nicht auffällig, wohl aber die Abweichungen von allen anderen Karten des Spätmittelalters und der Frühen Neuzeit, die Vinland enthalten. Markland und Helluland fehlen, Island trägt nicht den alternativen Namen Thule, sondern wird mit *Ibernica* (also Spanien!) assoziiert, und Vinland wird als Insel, nicht wie sonst als *promontorium* («Halbinsel, Landzunge») bezeichnet. Dazu kommt als auffälligste Abweichung von anderen mittelalterlichen Karten, dass Grönland hier als Insel dargestellt wird, die nicht mit Europa zusammenhängt. Da die

Nordküste Grönlands jedoch erst nach 1896 kartographiert wurde, spricht dies deutlich gegen die Echtheit der Karte als einer mittelalterlichen Darstellung. Von naturwissenschaftlicher Seite aus hat sich durch zahlreiche Untersuchungen während der letzten 50 Jahre zudem gezeigt, dass die Tinte, mit der die Karte gezeichnet wurde – und nur die Karte im gesamten Codex –, chemische Stoffe enthält, die in dieser Form erst seit etwa 1920 hergestellt werden.

Zwar hat die Suche nach dem Fälscher der Karte – unter Verdacht kamen bislang ein österreichischer Jesuit, ein kroatischer Franziskaner und der spanische Handschriftenhändler und Dieb des Codex – noch immer zu keinem stichhaltigen Ergebnis geführt, aber der derzeitige Stand der Forschung lässt sich wie folgt zusammenfassen: Der Codex mit dem Speculum Historiale des Vinzenz von Beauvais und der Historia Tartaorum stammt tatsächlich aus dem 15. Jahrhundert wie auch das Doppelblatt aus Pergament, auf dem sich die Karte findet. Die Karte selbst ist hingegen aller Wahrscheinlichkeit nach das Werk eines äußerst geschickten Fälschers, der zwischen ca. 1940 und 1965, unter Verwendung einer italienischen Karte des 15. Jahrhunderts und der Vinland-Sagas, die Karte im Auftrag eines Handschriftenhändlers herstellte, um auf dem amerikanischen Markt einen höchstmöglichen Gewinn zu erzielen. Dieses Ziel wurde in der Tat erreicht, denn trotz der massiven Zweifel an der Echtheit der Karte wird der Wert der Handschrift heute auf 25 Millionen Dollar geschätzt.

Sicherlich ist über die Vinland-Karte, im Gegensatz zu anderen, plumperen Fälschungen, das letzte Wort noch nicht gesprochen, und die Diskussion über ihre Echtheit wird weitergehen. Denn offenbar ist der Wunsch der skandinavischstämmigen Amerikaner groß, Beweise für die Anwesenheit der Wikinger auf dem heutigen Staatsgebiet der USA zu finden. Zwar steht seit den Entdeckungen in L'Anse aux Meadows in den 1960er Jahren fest, dass die Berichte der Vinland-Sagas keine leeren Abenteuergeschichten sind. Die Fahrten nach Westen haben stattgefunden, und die Skandinavier haben auf ihren Expeditionen tatsächlich den amerikanischen Kontinent erreicht. Trotzdem gibt es immer noch einen großen Markt für Spekulationen und Phantastereien über die Vorstöße der skandinavischen

Die sogenannte Vinlandkarte der Yale University, Fälschung des 20. Jahrhunderts

Seefahrer bis weit nach Süden und Westen. Ob an der Küste entlang bis Maine oder gar bis zur mexikanischen Halbinsel Yukatan, ob den St. Lorenz-Strom hinauf in die Great Lakes zwischen Kanada und den USA, man wünscht und hofft, dass irgendwo Belege für solche Reisen auftauchen – und solange wissenschaftlich haltbare Beweise nicht vorhanden sind, wird man sie sicherlich weiterhin erfinden.

Kleines Vinland-Lexikon[71]

Die Angaben beziehen sich auf die Kapitel der beiden Vinland-Sagas:

ES = Eiríks Saga Rauða, in: Einar Ól. Sveinsson / M. Þorðarson (Hrsg.): Eyrbyggja saga [...] Grœnlendinga saga, Reykjavík 1935 (= Íslenzk fornrit 4), 193–237.

GS = Grænlendinga Saga, in: Einar Ól. Sveinsson / M. Þorðarson (Hrsg.): Eyrbyggja saga [...] Grœnlendinga saga, Reykjavík 1935 (= Íslenzk fornrit 4), 239–269.

Personennamen

ARNLAUG, einer der ersten Siedler Grönlands im Arnlaugsfjord, GS 1

ARNORA, Tochter des Einar auf Laugarbrekka; heiratet Thorgeir Vifilsson, ES 3.

ASVALD ULFSSON, Großvater von Erik, GS 1, ES 2.

AUD DIE TIEFSINNIGE, Tochter von Ketil; einer der ursprünglichen Siedler in Island, ES 1.

AVALDAMON, ein Häuptling der Skrælingar, ES 12.

AVALDIDIDA, ein Häuptling («König») der Skrælingar, ES 12.

BIARNI GRIMOLFSSON, aus dem Breidafjord in Island; zieht mit seinem Partner Thorhall Gamlason nach Grönland, wohnt bei Eirik, ES 1; reist mit Thorfinn Karlsefnis Expedition nach Vinland, ES 8; in Hop in Vinland, ES 10, oder in Straumfjord, ES 11; gibt seinen Platz im Beiboot auf und geht mit dem sinkenden Schiff unter, ES 13.

BJARNI HERJOLFSSON, ein isländischer Kaufmann, Sohn von Herjolf Bardarson, GS 2; segelt von Island nach Grönland, kommt vom Kurs ab und sichtet unbekannte Länder, ohne sie zu erkunden, kommt nach Grönland und lässt sich in Herjolfsnes nieder, GS 2; reist zu Jarl Eirik in Norwegen, kehrt nach Grönland zurück, GS 3; verkauft sein Schiff an Leif Eiriksson für eine Vinland-Expedition, GS 3.

BJÖRN GILSSON (Bischof von Holar 1147–62), Nachfahre von Thorfinn Karlsefni, GS 9, ES 14.

BJÖRN THORFINN KARLSEFNISSON, Sohn von Thorfinn Karlsefni, GS 9 (genannt Thorbjörn, ES 14).

BRAND SÆMUNDARSON (Bischof von Holar 1163–1201); Nachfahre von Thorfinn Karlsefni, GS 9, ES 14.

EINAR, einer der ursprünglichen Siedler in Grönland, im Einarsfjord, GS 1.

EIRIK HAKONARSON, Jarl von Hlade 1000–1014, nimmt Bjarni Herjolfsson in sein Gefolge auf, GS 3.

EIRIK DER ROTE, Sohn von Thorvald Asvaldsson; wandert mit seinem Vater aus Norwegen aus, lässt sich auf Drangar in Island nieder, heiratet Thjodhild und übersiedelt nach Haukadal, wird nach Totschlägen geächtet, entdeckt Grönland wieder und besiedelt es, wohnt in Brattahlid im Eiriksfjord, GS 1, ES 2; hat einen Sohn namens Leif, GS 1; weitere Kinder: Leif, Thorvald, Thorstein, Freydis, GS 2, Thorstein, Leif, ES 5 (Thorvald und Freydis, ES 8); lehnt Christentum ab, ES 5; fährt nicht mit Leif auf die Expedition nach Vinland, GS 3, bzw. fährt mit seinem Sohn Thorstein, aber kehrt im Herbst zurück, ES 5; nimmt Schwiegertochter Gudrid in Brattahlid auf, ES 6; verheiratet Gudrid mit Thorfinn Karlsefni, ES 7; nimmt Thorfinn Karlsefni und seine Mannschaft nach der Rückkehr aus Vinland auf, ES 12; stirbt, GS 4; stirbt angeblich vor der Christianisierung Grönlands, GS 5.

FINNBOGI, ein isländischer Kaufmann; segelt mit seinem Bruder Helgi nach Grönland, fährt mit auf Freydis' Expedition nach Vinland, wird dort auf ihr Geheiß ermordet, GS 8.

FREYDIS, uneheliche Tochter von Eirik dem Roten, ES 8; heiratet Thorvard von Gardar, GS 2, ES 8; fährt mit Thorvard auf Thorfinn Karlsefnis Expedition nach Vinland, ES 8; verjagt schwanger Skrælingar, ES 11; führt eine eigene Expedition mit Finnbogi und Helgi durch, ermordet diese, kehrt nach Grönland zurück, GS 8; wegen ihrer Verbrechen verachtet, GS 9.

GRIMHILD, Frau von Thorstein von Lysufjord; stirbt an Seuche, GS 6 (in ES 6 heißt sie Sigrid).

GROA, Tochter von Thorstein dem Roten; heiratet auf Orkney, ES 1.

GUDRID, Tochter von Thorbjörn Vifilsson; von Orm aufgezogen, zieht mit Eltern nach Grönland, ES 3; Teilnahme an Séance auf Herjolfsnes, Vorhersage ihrer Zukunft, ES 4; angeblich Frau des Thorir und von Leif aus Schiffbruch gerettet, verwitwet, GS 4; heiratet Thorstein Eiriksson, GS 6, ES 6; mit Thorstein auf erfolgloser Expedition, GS 6; in Lysufjord in der Westsiedlung beim Tod von Thorstein, der ihr noch ihre Zukunft vorhersagt, GS 6, ES 6; heiratet Thorfinn Karlsefni, GS 7, ES 7; begleitet Thorfinn Karlsefni nach Vinland, GS 7, ES 12; Geburt des Sohnes Snorri in Vinland, GS 7, ES 12; hat Vision einer Frau, GS 7; mit Thorfinn Karlsefni zurück nach Island, ihre Nachfahren, GS 9, ES 14; Pilgerfahrt nach Rom, GS 9.

GUDRID, Geisterfrau, die Gudrid Thorbjörnsdóttir in Vinland in einer Vision sieht, GS 7.

GUNNBJÖRN ULFSSON, Entdecker der Gunnbjörn-Schären vor Grönland, GS 1, ES 2.

HAFGRIM, einer der ursprünglichen Siedler in Grönland, wohnt im Hafgrimsfjord, GS 1.

HAKI, schottischer Sklave des Leif Eiriksson; von Thorfinn Karlsefni als Pfadfinder an den Neuen Küsten ausgesandt, ES 8.

HALLDIS, Frau von Orm auf Arnarstapi; Ziehmutter Gudrids, zieht nach Grönland, stirbt auf See, ES 3; lehrte Gudrid Zaubergesänge, ES 4.

HALLFRID, Tochter von Snorri Karlsefnisson und Mutter von Bischof Thorlak, GS 9, ES 14.

HALLVEIG, Tochter des Einar von Laugarbrekka; heiratet Thorbjörn Vifilsson, Mutter von Gudrid, ES 3.

HEKJA, schottische Sklavin des Leif Eiriksson; von Thorfinn Karlsefni mit Haki als Pfadfinder an den Neuen Küsten ausgesandt, ES 8.

HELGI, isländischer Kaufmann; segelt mit seinem Bruder Finnbogi nach Grönland, mit Freydis auf Expedition nach Vinland, wird auf ihre Anstiftung hin ermordet, GS 8.

HELGI THORBRANDSSON, Sohn von Thorbrand von Alptafjord; einer der ursprünglichen Siedler in Grönland, auf Alptafjord, GS 1; unterstützt Eirik gegen Thorgest, GS 1, ES 2.

HERJOLF BARDARSON, Vater von Bjarni Herjolfsson; einer der ursprünglichen Siedler in Grönland, auf Herjolfsness, GS 1, 2.

HRAFN, einer der ursprünglichen Siedler in Grönland, auf Hrafnsfjord, GS 1.

KARLSEFNI → Thorfinn Karlsefni.

KETIL, einer der ursprünglichen Siedler in Grönland, im Ketilsfjord, GS 1.

LEIF EIRIKSSON (Leif der Glückliche), Sohn von Eirik dem Roten, GS 1, 2, ES 5; erkundet die von Bjarni Herjolfsson gesichteten Länder, gibt Helluland, Markland und Vinland die Namen, rettet Thorir und Gudrid von Riff, bekommt Spitznamen Leif der Glückliche, GS 3–4; segelt von Grönland nach Norwegen, zeugt Sohn auf den Hebriden, wird von König Olaf Tryggvason bekehrt, zurück nach Grönland, entdeckt dabei unbekannte Küsten, nimmt Proben von Weizen, Trauben und Ahorn, rettet Schiffbrüchige, bekehrt Grönland zum Christentum, bekommt Spitznamen Leif der Glückliche, ES 5; leiht Thorvald sein Schiff für Vinland-Expedition, GS 4; leiht Thorstein sein Schiff für Vinland-Expedition, GS 6; verheiratet Gudrid mit Thorfinn Karlsefni, GS 7; leiht Thorvald, Thorfinn Karlsefni und Freydis die Leifsbuðir in Vinland GS 5, 7, 8; entdeckt Freydis' Verbrechen, GS 9.

OLAF TRYGGVASON, König von Norwegen 995–1000; sendet Leif Eiriksson nach Grönland, um es zu christianisieren, ES 5; schenkt Leif zwei schottische Sklaven, ES 8.

ORM AUF ARNARSTAPI, isländischer Bauer und Ziehvater der Gudrid, wandert mit Thorbjörn Vifilsson nach Grönland aus, stirbt auf See, ES 3.

OVÆGIR, Vater der gefangenen Skrælingar-Kinder in Markland, ES 12.

RUNOLF THORLEIKSSON, Vater von Bischof Thorlak, GS 9, ES 14.

SIGRID, Frau von Thorstein von Lysufjord; stirbt an Seuche, ES 6 (in GS 6 heißt sie Grimhild).

SIGURD DER MÄCHTIGE, Jarl von Orkney (gest. 875); mit Thorstein dem Roten verbündet, ES 1.

SNORRI KARLSEFNISSON, Sohn von Thorfinn Karlsefni; in Vinland geboren, GS, ES 12; übernimmt väterlichen Hof in Island, GS 9; seine Nachfahren, GS 9, ES 14.

SÖLVI, einer der ursprünglichen Siedler in Grönland, wohnt in Sölvadal, GS 1.

STYR THORGRIMSSON, unterstützt Eirik gegen Thorgest, GS 1, ES 2.

THJODHILD, Frau von Eirik dem Roten, GS 1, ES 2, 5; wird Christin und verlässt Eirik, baut Kirche bei Brattahlid, ES 5.

THORBJÖRG LITILVÖLVA («die kleine Seherin»), Seherin in Grönland, bei Séance in Herjolfsnes, sagt Gudrids Zukunft voraus, ES 4.

THORBJÖRN GLORA, einer der ursprünglichen Siedler in Grönland, in Siglufjord, GS 1.

THORBJÖRN THORFINN KARLSEFNISSON, Sohn von Thorfinn Karlsefni, ES 14 (in GS 9 heißt er Björn).

THORBJÖRN VIFILSSON, Sohn von Vifil von Vifilsdal, ES 1; unterstützt Eirik gegen Thorgest, GS 1, ES 2; heiratet Hallveig, zieht nach Hellisvellir in Laugarbrekka, ES 3; Vater der Gudrid, ES 3, GS 6; wandert nach Grönland aus, landet auf Herjolfsnes, ES 3; lehnt Thorbjörgs Wahrsagesitzung ab, segelt nach Eiriksfjord, siedelt in Stokkanes, ES 4; leiht sein Schiff Thorstein Eiriksson für Vinland-Expedition, ES S; stirbt, ES 6; sein Schiff wird in Thorfinn Karlsefnis Expedition nach Vinland verwendet, ES 8.

THORBRAND SNORRASON, Sohn von Snorri Thorbrandsson; wird in Vinland von Skrælingar getötet, ES 11.

THORD PFERDEKOPF, Vater von Thorfinn Karlsefni, GS 7, ES 7.

THORFINN KARLSEFNI, isländischer Kaufmann; kommt nach Grönland, wohnt in Brattahlid bei Leif Eiriksson, GS 7 (bei Eirik dem Roten, ES 7); heiratet Gudrid, GS 7, ES 7; führt Expedition mit einem Schiff nach Vinland, kehrt nach Grönland zurück, GS 7; führt Expedition von drei Schiffen nach Vinland, ES 8–12; fährt nach Norwegen, GS 8; lässt sich in Island nieder, GS 9, ES 14.

THORGEIR SNORRASON, Sohn von Snorri Thorfinn Karlsefnisson, GS 9, ES 14.

THORGEIR VIFILSSON, Sohn von Vifil von Vifilsdal, ES 1; heiratet Arnora, Tochter von Einar von Laugarbrekka, ES 3.

THORGERD, Frau von Herjolf Bardarson, Mutter von Bjarni Herjolfsson, GS 2.

THORGILS LEIFSSON, unehelicher Sohn von Leif Eiriksson and Thorgunna, geboren auf den Hebriden; fährt nach Island und Grönland, ES 5.

THORGUNNA, von den Hebriden, hat einen Sohn Thorgils mit Leif Eiriksson, ES 5.

THORHALL GAMLASON, isländischer Kaufmann; reist mit Bjarni Grimolfsson nach Grönland, ES 7; fährt mit Thorfinn Karlsefni auf Expedition nach Vinland, ES 8.

THORHALL DER JÄGER, Mann aus dem Gefolge Eiriks des Roten, fährt mit auf Thorfinn Karlsefnis Expedition nach Vinland, ES 8; trennt sich von der Expedition und fährt zu den Furðustrandir, wird abgetrieben, wird in Irland versklavt und stirbt dort, ES 9.

THORIR DER OSTMANN, norwegischer Kaufmann; Ehemann von Gudrid, wird durch Leif Eiriksson vom Schiffwrack gerettet, stirbt in Grönland, GS 4.

THORKEL VON HERJOLFSNES, grönländischer Bauer; beherbergt Thorbjörn Vifilsson und seine Mannschaft, ES 3; empfängt die Seherin Thorbjörg, ES 4.

THORLAK RUNOLFSSON, (1085–1133, Bischof von Skálholt 1118); Nachfahre von Thorfinn Karlsefni, GS 9; ES 14.

THORSTEIN EIRIKSSON, Sohn von Eirik dem Roten, GS 2, ES 5; heiratet Gudrid, GS 6, ES 6; segelt nach Vinland, erreicht Lysufjord in Grönland, stirbt dort an Seuche, prophezeit Gudrids Zukunft, GS 6; segelt mit seinem Vater nach Vinland, kehrt nach Grönland zurück, ES 5; lässt sich mit Gudrid im Lysufjord nieder, stirbt an Seuche, prophezeit Gudruns Zukunft, ES 6.

THORSTEIN DER SCHWARZE, grönländischer Bauer in Lysufjord, beherbergt Thorstein Eiriksson und Gudrid, GS 6; besitzt Lysufjord gemeinsam mit Thorstein Eiriksson, beherbergt ihn und Gudrid, ES 6; hilft Gudrid nach Thorsteins Tod, übersiedelt nach Eiriksfjord, GS 6.

THORUNN, Enkelin von Thorfinn Karlsefni und Mutter von Bischof Björn, GS 9, ES 14.

THORUNN, Mutter von Thorfinn Karlsefni, ES 7; lehnt Gudrid ab, versöhnt sich mit ihr, ES 14.

THORVALD ASVALDSSON, Vater von Eirik dem Roten; verlässt Norwegen, lässt sich auf Drangar in Island nieder und stirbt dort, GS 1, ES 2.

THORVALD EIRIKSSON, Sohn von Eirik dem Roten, GS 2, ES 8; führt Expedition nach Vinland, überwintert in den Leifsbudir, benennt Kjalarness, wird von Skrælingar getötet, GS 4, 5; fährt mit Thorfinn Karlsefni nach Vinland, ES 8; von Einfüßler erschossen, ES 12.

THORVARD VON GARDAR, grönländischer Bauer; heiratet Freydis, GS 2, ES 8; nimmt an Thorfinn Karlsefnis Expedition nach Vinland teil, ES 8; nimmt an Freydis' Expedition nach Vinland teil, ermordet Finnbogi, Helgi und deren Mannschaft, GS 8.

THURID, Tochter von Eyvind dem Ostmann, heiratet Thorstein den Roten, ES 1.

TYRKIR DER DEUTSCHE, Leifs Ziehvater, begleitet Leif nach Vinland, GS 3; findet wilden Wein, GS 4.

VETHILDI, Mutter der gefangenen Skrælingar-Kinder, ES 12.

YNGVILD, Nachfahre von Thorfinn Karlsefni und Mutter von Bischof Brand, GS 9, ES 14.

Ortsnamen

ALPTAFJORD (jetzt Sermilik), Siedlungsort von Helgi Thorbrandsson in der grönländischen Ostsiedlung, GS 1.

ARNLAUGSFJORD, Siedlungsort von Arnlaug in der grönländischen Ostsiedlung, GS 1.

BJARNEYJAR («Băreninseln»), Thorfinns erster Stopp auf dem Weg nach Vinland, westlich von Grönland, ES 8. Falls die handschriftliche Lesart mit der Einzahl BJARNEY («Bäreninsel») richtig ist, könnte es sich um die Disko-Insel westlich von Grönland handeln.

BJARNEY («Bäreninsel»), Insel irgendwo südöstlich von Markland, der Thorfinn Karlsefni diesen Namen gibt, ES 8.

BLASERK («Blauhemd»), Gletscher an der Ostküste von Grönland in der Gegend des heutigen Angmagssalik (vielleicht Ingolfsfjeld), erster durch Eirik gesichteter Teil Grönlands: GS 1, ES 2.

BRATTAHLID (jetzt Kagssiarssuk), Eiriks Hof im Eiriksfjord in der Ostsiedlung Grönlands, GS ES passim.

EINARSFJORD (jetzt Igaliko), eine der ursprünglichen Siedlungen in der Ostsiedlung in Grönland, GS 1.

EINFOETINGALAND («Land der Einfüßigen»): fabelhaftes Land nahe Vinland, wo Thorvald Eiriksson von einem Einfüßler erschossen wird, ES 1, 2. Wahrscheinlich mit einem Ausläufer von Afrika oder dem Südkontinent identifiziert, weil dort die Einfüßler (Skiopoden, Unipedes) leben.

EIRIKSFJORD (heute Tunugdliarfik), Eiriks Fjord, an dem Brattahlid liegt, in der grönländischen Ostsiedlung, GS ES passim.

EIRIKSHOLMAR, Inseln irgendwo vor der Ostsiedlung Grönlands, in der Nähe von Cape Farewell, wo Eirik seinen ersten Winter in Grönland zubrachte, GS 1, ES 2.

EIRIKSEY, Insel an der Mündung des Eiriksfjords, erste Station Eiriks des Roten in Grönland, GS 1, ES 2.

FURDUSTRANDIR («Wunderstrände»), lange Sandküste im Süden von Markland, die ihren Namen von Thorfinn Karlsefni bekommt, ES 8, 9.

GARDAR (heute Igaliko), der Hof von Freydis und Thorvard im Einarsfjord, GS 2, 8; später Sitz des grönländischen Bischofs, GS 2.

GRÖNLAND, entdeckt und getauft von Eirik, GS 1, ES 2.

GUNNBJARNARSKER («Gunnbjörns Schären»), von Gunnbjörn Ulfsson entdeckte Schärengruppe zwischen Island und Grönland, GS 1, ES 2; möglicherweise die Inseln östlich oder nordöstlich von Angmagssalik in Grönland.

HAFGRIMSFJORD (heute Ekaluit), Seitenarm des Einarsfjords und eine der ursprünglichen Ansiedlungen in der Ostsiedlung von Grönland, GS 1.

HELLULAND («Flachsteinland»), Bjarni Herjolfssons letzte Entdeckung auf seinem Rückweg nach Grönland und Leifs erste Landsichtung auf der ersten Expedition nach Vinland, Namengebung durch Leif, GS 3; Land mit flachen Felsen, Namengebung durch Thorfinn Karlsefni auf dem Weg nach Vinland, ES 8. Vermutlich Südostküste von Baffin Island oder Küstenstreifen von Labrador.

HERJOLFSFJORD (heute Amitsuarssuk), Herjolf Bardarsons Siedlungsgebiet in der grönländischen Ostsiedlung, GS 1.

HERJOLFSNES (heute Ikigait), Herjolf Bardarsons Hof im Herjolfsfjord, später von Bjarni Herjolfsson übernommen, GS 1, 2; Hof des Thorkel, der Thorbjörn Vifilsson beherbergt, ES 3, 4

HOP («Haff»), Ort in Vinland, wo Thorfinn Karlsefni seine Siedlung anlegt, ES 10, 11. Möglicherweise identisch mit L'Anse aux Meadows.

HRAFNSFJORD (heute Agdluitsok), eine der ursprünglichen Siedlungen in der grönländischen Ostsiedlung, GS 1; von Eirik erforscht, GS 1, ES 2.

HVARFSGNIPA (heute Ikigait, Cape Farewell), Bergspitze an der Südspitze Grönlands, GS 1, ES 2.

HVITRAMANNALAND («Weißmännerland»), ein fabelhaftes Land irgendwo in der Neuen Welt, ES 12.

KETILSFJORD (heute Tasermiut), eine der ursprünglichen Siedlungen in der grönländischen Ostsiedlung, GS 1.

KJALARNES («Kiel-Landzunge»), eine Landzunge in der Nähe von Vinland, wo Thorvald Eirikssons Schiff beschädigt und der kaputte Kiel aufgerichtet wurde, GS 5; eine Landzunge bei den Furdustrandir, wo Thorfinn Karlsefni einen alten Schiffskiel fand, ES 8, 9.

KROSSANES («Kreuz-Landzunge»), eine Landzunge, wo Thorvald Eiriksson sich in der Nähe von Vinland niederlassen wollte und wo er begraben wurde, GS 5.

LEIFSBUDIR («Leifs Buden, Leifs Hütten»), die Unterkünfte, die Leif Eiriksson in Vinland baute und später anderen Vinland-Fahrern überließ, GS 5, 8.

LYSUFJORD (heute Ameragdla), Hof in der grönländischen Westsiedlung, wo Thorstein Eiriksson an einer Seuche starb, GS 6, ES 6.

MARKLAND («Waldland»), dicht bewaldeter Küstenstreifen zwischen Helluland und Vinland, von Leif Eiriksson so benannt, GS 3; von Thorfinn Karlsefni benannt, ES 8; Ort der Entführung von zwei Skælingar-Kindern nach Grönland. Wahrscheinlich Südostküste von Labrador.

MIDJÖKULL («Mittelgletscher»), Eiriks Name für den Gletscher Blaserk, GS 1.

OSTSIEDLUNG, die südlichere und größere der beiden Siedlungen an der grönländischen Westküste, heute die Gegend um Julianehaab, ES 1.

SIGLUFJORD (heute Unartok oder Agdluitsok), eine der ursprünglichen Siedlungen in der grönländischen Ostsiedlung, GS 1.

SNÆFELL, ein Gletscher an der Westküste von Grönland, von Eirik erkundet, GS 1, ES 2.

SNÆFELL, ein Berg mit Gletscher an der Westküste von Island GS 1, ES 2.

SÖLVADAL, eine der ursprünglichen Ansiedlungen in der Ostsiedlung in Grönland, im jetzigen Kangikitsok-Fjord, GS 1.

STOKKANES (heute Kiagtukt), Thorbjörn Vifilssons Hof in der Ostsiedlung in Grönland, ES 4.

STRAUMEY («Strömungs-Insel»), eine Insel in der Mündung des Straumfjords, wo Thorfinn Karlsefni den ersten Winter seiner Vinland Expedition verbrachte, ES 8.

STRAUMFJORD («Strömungs-Fjord»), ein Fjord mit starker Gezeitenströmung in Island.

STRAUMFJORD («Strömungs-Fjord»), ein Fjord mit starker Gezeitenströmung nördlich von Vinland, wo Thorfinn Karlsefni seinen ersten Winter zubrachte, ES 8; vermutlich Basislager von Thorfinn Karlsefnis Expedition weiter nach Süden, ES 11, 12.

THJODHILDARKIRKJA, Kirche bei Brattahlid, die Eiriks Frau Thjodhild erbauen ließ, ES 5.

VATNAHVERFI («Seen-Gebiet»), eine der ursprünglichen Siedlungsgebiete in der grönländischen Ostsiedlung, zwischen Siglufjord und Einarsfjord, GS 1.

VINLAND («Weideland» oder Vínland «Wein-Land»), Land in der Neuen Welt, von Leif Eiriksson erforscht und benannt, GS 4; von Thorvald Eiriksson weiter erforscht, GS 5; aufgesucht von Thorfinn Karlsefni und von Freydis auf ein Jahr besucht, GS 8; zufällig entdeckt von Leif Eiriksson, ES 5; von Thorfinn Karlsefni für Siedlung ausgewählt, ES 8, 9, 10; vermutlich mit Neufundland oder Nova Scotia oder New Brunswick zu identifizieren.

WESTSIEDLUNG, die nördlichere der beiden Siedlungen an der Westküste Grönlands, in der heutigen Gegend um Godthaab, GS 1, 6, ES 6; Thorfinn Karlsefnis Ausgangspunkt seiner Vinland-Fahrt, ES 8.

Anmerkungen

* Ob sich der Neufund von Haus- und Herdfundamenten auf Point Rosee, nahe der Südwestspitze Neufundlands, als wikingerzeitlich erweist, muss erst noch durch Datierungen bestätigt werden.

1 Einar Ól. Sveinsson / M. Þorðarson (Hrsg.): Eyrbyggja saga [...] Grœnlendinga saga, Reykjavík 1935 (= Íslenzk fornrit 4), Grænlendinga saga, 239–269, 249–251.

2 Ebenda, *Grœnlendinga saga*, 253.

3 Der Name L'Anse aux Meadows hat übrigens ursprünglich nichts mit engl. *meadow* «Wiese» zu tun, sondern kommt von «Bucht (frz. *anse*) der Medusa (frz. Medée)»; ob sich Letzteres auf Medusaquallen bezieht oder auf ein gestrandetes Schiff dieses Namens, ist unbekannt.

4 Charles Plummer (Hg.): Two of the Saxon Chronicles Parallel. With supplementary extracts from the others. A revised text. Oxford 1892, Nachdruck 1965, s.a. 793f.

5 Ediert in Paolo Chiesa, Liudprandi Cremonensis Opera omnia, Turnhout 1998 (= Corpus Christianorum. Continuatio mediaevalis 156), 185–218.

6 Ebenda, *Grœnlendinga saga*, 243.

7 Ebenda, *Grœnlendinga saga*, 243.

8 Eine in der Literatur als «Mittlere Siedlung» bezeichnete Siedlung (wohl südlich vom heutigen Ivigtut), in der es keine Kirche, doch offenbar einen Friedhof gab, auf den ein runischer Grabstein hindeutet, den man in einem Eskimohaus auf der Insel Napassut gefunden hat, wird heute als nördlichster Ausläufer der Ostsiedlung gedeutet.

9 Zum Runenstein von Kingigtorssuaq vgl. William W. Fitzhugh / Elisabeth I. Ward (Hrsg.): Vikings. The North Atlantic Saga, Washington 2000, 320 f., mit Abbildung.

10 Jakob Benediktsson, Íslendingabók. Landnámabók, Reykjavík 1968 (= Íslenzk fornrit 1), 13 f.

11 Einar Ól. Sveinsson / M. Þorðarson (Hrsg.): Eyrbyggja saga [...] Grænlendinga saga, Reykjavík 1935 (= Íslenzk fornrit 4), *Eiríks saga rauða*: 193–237: 197.

12 Ebenda, *Eiríks saga rauða*, 201 f.

13 Ebenda, 206–8.

14 Ebenda, 211 f.

15 Ebenda, 217.

16 Ebenda, 222 und 225.

17 Ebenda, 231 f.; vgl. dazu noch mehr Kap. 11.

18 Vgl. dazu und besonders den Skiopoden: Rudolf Simek: Monster im Mittelalter. Köln / Wien 2015.

19 Einar Ól. Sveinsson / M. Þorðarson (Hrsg.): Eyrbyggja saga […] Grœnlendinga saga, Reykjavík 1935 (= Íslenzk fornrit 4), *Grœnlendinga saga*, 239–269: 246 f.

20 Ebenda, 249–251.

21 Ebenda, 252 f.

22 Ebenda, 261–264.

23 Ebenda, 264–267.

24 Ebenda, 269.

25 Vgl. Bjarni Aðalbjarnarson: Snorri Sturluson: Heimskringla I, Reykjavík 1941 (= Íslenzk fornrit 26), 335 f.; Übersetzung des Autors.

26 Finnur Jónsson: Snorri Sturluson: Edda. Kopenhagen 1900, 207 f.

27 Jakob Benediktsson, Íslendingabók. Landnámabók, Reykjavík 1968 (= Íslenzk fornrit 1), 32 und 34.

28 Ebenda, 33.

29 Einar Ól. Sveinsson / M. Þorðarson (Hrsg.): Eyrbyggja saga […] Grœnlendinga saga, Reykjavík 1935 (= Íslenzk fornrit 4), *Grænlendinga saga*, 239–269: 243.

30 Guðni Jónsson (Hrsg.): Grettis saga Ásmundarsonar. Reykjavík 1936, 28–33.

31 Ebenda, *Grænlendinga saga,* 255.

32 Kristian Kaalund (Hrsg.): Alfræði Íslenzk, Bd. I, Kopenhagen 1908, 12; vgl. E. C. Werlauff: Symbolae ad geographiam medii aevi, Kopenhagen 1821, 13 f.

33 Rudolf Simek: Altnordische Kosmographie. Studien und Quellen zu Weltbild und Weltbeschreibung in Norwegen und Island vom 12. bis zum 14. Jahrhundert, Berlin/New York 1990 (= Ergänzungsbände zum Reallexikon der Germanischen Altertumskunde 4), 435.

34 Simek: Altnordische Kosmographie, 444.

35 Simek: Altnordische Kosmographie, 507.

36 Simek: Altnordische Kosmographie, 589.

37 Simek: Altnordische Kosmographie, 588 f.

38 Simek: Altnordische Kosmographie, 506 f.

39 *Annales regii* oder *Konungs annáll,* s.a. 1121: Gustav Storm (Hrsg.): Islandske Annaler indtil 1578. Christiania 1888, 112.

40 Alle Spekulationen darüber sind zusammengefasst im Kapitel **Vínlandsferðir* bei Hermann Pálsson: Vínlandið góða. Reykjavík 2001, 123–125.

41 Skálholts-Annaler, s.a. 1347, Ed. Gustav Storm (Hrsg.): Islandske Annaler indtil 1578. Christiania 1888, 213.

42 Kirsten A. Seaver: The Frozen Echo. Greenland and the Exploration of North America, ca. A.D. 1000–1500, Stanford University Press, Stanford, Ca. 1996, 108.

43 Aus Simek: Altnordische Kosmographie, 505–507.

44 Vgl. dazu: Rudolf Simek und Manuela Klein (Hrsg.): Johannes von Gmunden zwischen Astronomie und Astrologie, Wien 2012.

45 Vgl. Axel Anthon Bjørnbo, Carl S. Petersen: Der Däne Claudius Claussøn Swart (Claudius Clavus), der älteste Kartograph des Nordens, der erste Ptolemäus-Epigon der Renaissance. Eine Monographie, Innsbruck 1909; Oswald Dreyer-Eimbcke: Island, Grönland und das nördliche Eismeer im Bild der Kartographie seit dem 10. Jahrhundert, Wiesbaden 1987 (= Mitteilungen der geographischen Gesellschaft in Hamburg 77), 30 f.

46 Erhalten in einer handschriftlichen Kopie in der Kopenhagener Handschrift GkS 2881 von ca. 1590.

47 *Lárentíus saga biskups*, Kap. 7; Guðrún Ása Grímsdóttir (Hrsg.): Biskupa sögur III, Reykjavík 2008 (= Íslenzk fornrit 17), 232.

48 Hermann Pálsson: Landafundurinn árið 1285. In: Saga 4 (1964), 53–69.

49 Magister Adam Bremensis: Gesta Hammaburgensis Ecclesiae Pontificum. Neu übertragen von Werner Trillmich. In: Quellen des 9. und 11. Jahrhunderts zur Geschichte der Hamburgischen Kirche und des Reiches. Darmstadt 1973, 137–503. (= Freiherr vom Stein-Gedächtnisausgabe 11), 488–491.

50 W. M. Lindsay (Hg.): Isidori Hispalensis Episcopi Etymologiarum sive Originum Libri XX. 2 Bde. Oxford 1985, Bd. II, XIV, vi, 8.

51 Einar Ól. Sveinsson / M. Þorðarson (Hrsg.): Eyrbyggja saga [...] *Grænlendinga saga*, Reykjavík 1935 (= Íslenzk fornrit 4), *Eiríks saga rauða*: 193–237: 226 f., und *Grænlendinga saga*, 239–269: 250 f.

52 Ludwig von Jan / Karl Mayhoff (Hrsg.): C. Plini Secundi Naturalis Historiae Libri XXXVII, Bd. 1, Leipzig 1854 (= Bibliotheca Scriptorum Graecorum et Romanorum Teubneriana), 515.

53 Über die klimatischen Bedingungen im Paradies nach mittelalterlicher Vorstellung vgl. Alessandro Scafi: Mapping Paradise. A History of Heaven on Earth, London 2006, bes. 165–170.

54 Vgl. Walter Baumgartner: Freydis in Vinland oder die Vertreibung aus dem Paradies, in: skandinavistik 23 (1993), 16–35; Walter Baumgartner: The Grœnlendinga Saga Interpreted as Medieval Fiction, in: Peter Easingwood, Konrad Groß (Hrsg.), Informal Empire? Cultural Relations Between Canada, The United States and Europe, Kiel 1998, 389–400.

55 Einar Ól. Sveinsson / M. Þorðarson (Hrsg.): Eyrbyggja saga [...] Grœnlendinga saga, Reykjavík 1935 (= Íslenzk fornrit 4), *Grænlendinga saga*, 239–269: 267.

56 Baumgartner: Freydis in Vinland, 21.

57 Ebenda, *Eiríks saga rauða*, 233.

58 Hermann Pálsson: Hvítramannaland, in: *Tímarit Máls ok menningar* 21 (1960), 48–54.

59 Jakob Benediktsson, Íslendingabók. Landnámabók, Reykjavík 1968 (= Íslenzk fornrit 1), 161 f.

60 Ebenda, 241.

61 Bjarni Aðalbjarnarson: Snorri Sturluson: Heimskringla 1, Reykjavík 1941 (= Íslenzk fornrit 26), 347.

62 Einar Ól. Sveinsson / M. Þorðarson (Hrsg.): Eyrbyggja saga [...] Grænlendinga saga, Reykjavík 1935 (= Íslenzk fornrit 4), *Grænlendinga saga*, 239–269: 267.

63 Ebenda, 268.

64 Diese lebten um das Jahr 1000 und noch bis lange in die Neuzeit hinein in einer Steinzeitkultur und kannten weder die Geheimnisse der Eisenverhüttung noch die der Eisenverarbeitung.

65 Als Dorset-Kultur wird eine Gruppe der Inuit bezeichnet, die in der zweiten Hälfte des 1. Jahrtausends in Kanada und Grönland lebten, mit einem Siedlungszentrum rund um die Disko-Bucht.

66 Wallace, Birgitta Linderoth: The Viking Settlement at L'Anse aux Meadows. In: William W. Fitzhugh / Elisabeth I. Ward (Hrsg.): Vikings. The North Atlantic Saga, Smithsonian Institution Press, Washington 2000, 208–216: 210.

67 Einar Ól. Sveinsson / M. Þorðarson (Hrsg.): Eyrbyggja saga [...] Grænlendinga saga, Reykjavík 1935 (= Íslenzk fornrit 4), *Eiríks saga rauða*: 193–237: 231 f.

68 Die folgende Zusammenstellung der gefälschten Wikingerfunde in Amerika beruht im Wesentlichen auf Keld Hansen: True or false – fake traces of the Vikings in America. In: Birthe L. Clausen (Hrsg.): Viking Voyages to North America, The Viking Ship Museum, Roskilde 1993, 83–89; und Birgitta Linderoth Wallace: The Vikings in North America. Myth and Reality. In: Ross Samson (Ed.): Social Approaches to Viking Studies, Glasgow 1991, 207–220.

69 Lyle Tompsen: An Archaeologist Examines Oklahoma Rune Stones. In: The Epigraphic Society Occasional Papers 29 (2011), 5–43.

70 Raleigh A. Skelton; Thomas E. Marston; George D. Painter: The Vinland map and the Tartar Relation. New Haven / London 1965, S. 140.

71 Dieses Lexikon geht auf gemeinsam mit meinem Lehrer Hermann Pálsson entwickelte Ideen und Aufzeichnungen zu einem ausführlichen «Vinland-Lexikon» zurück, das auf Grund seines Unfalltodes 2002 nicht mehr zur Ausführung gelangte.

Literatur

Quellen

Ari Þorgilsson: Íslendingabók in: Jakob Benediktsson, Íslendingabók. Landnámabók, Reykjavík 1968 (= Íslenzk fornrit 1), 1–28.

Chiesa, Paolo: Liudprandi Cremonensis Opera omnia, Turnhout 1998 (= Corpus Christianorum. Continuatio mediaevalis 156).

Eiríks Saga Rauða, in: Einar Ól. Sveinsson / M. Þorðarson (Hrsg.): Eyrbyggja saga [...] Grœnlendinga saga, Reykjavík 1935 (= Íslenzk fornrit 4), 193–237.

Eyrbyggja Saga, in: Einar Ól. Sveinsson / M. Þorðarson (Hrsg.): Eyrbyggja saga [...] Grœnlendinga saga, Reykjavík 1935 (= Íslenzk fornrit 4), 1–184.

Grænlendinga Saga, in: Einar Ól. Sveinsson / M. Þorðarson (Hrsg.): Eyrbyggja saga [...] Grœnlendinga saga, Reykjavík 1935 (= Íslenzk fornrit 4), 239–269.

Guðrún Ása Grímsdóttir (Hrsg.): Biskupa sögur III, Reykjavík 2008 (= Íslenzk fornrit 17).

Jan, Ludwig von / Karl Mayhoff (Hrsg.): C. Plini Secundi Naturalis Historiae Libri XXXVII, Bd. 1–6, Leipzig 1854–65. (= Bibliotheca Scriptorum Graecorum et Romanorum Teubneriana).

Kaalund, Kristian (Hrsg.): Alfræði Íslenzk, Bd. I, Kopenhagen 1908.

Kristni Saga, in: Jónas Kristjánsson, Biskupasögur 1, Reykjavík 2003, (= Íslenzk fornrit 15,2), 1–48.

Landnámabók, in: Jakob Benediktsson, Íslendingabók. Landnámabók, Reykjavík 1968 (= Íslenzk fornrit 1), 29–397.

Magistri Adam Bremensis Gesta Hammaburgensis ecclesiae Pontificum 4.39, in: Werner Trillmich / Rudolf Buchner (Hrsg.), Quellen des 9. und 11. Jahrhunderts zur Geschichte der hamburgischen Kirche und des Reiches. Ausgewählte Quellen zur deutschen Geschichte des Mittelalters, Berlin 1961 (= Freiherr vom Stein-Gedächtnisausgabe 11).

Ólafs Saga Tryggvasonar, in: Bjarni Aðalbjarnarson, Snorri Sturluson, H. 1–3, Reykjavík 1941–51 (= Íslenzk fornrit 26–28).

Storm, Gustav (Hrsg.): Islandske Annaler indtil 1578. Christiania 1888.

Vinlandsagas. Die Vínlandsagas. Ausgewählte Texte zur Entdeckung Amerikas durch die Wikinger, [...] hrsg. von Else Ebel, Tübingen 1973.

Werlauff, E. C. (Hrsg.): Symbolae ad geographiam medii aevi, Kopenhagen 1821.

Übersetzungen

Leider gibt es keine brauchbaren Übersetzungen der beiden Vinlands-Sagas im Druck erhältlich, denn die folgenden beiden Übersetzungen sind längst vergriffen:

Bernhard Gottschling / Else Ebel: Die Vinland Sagas, Hattingen 1979 und 1982 (= ANB 2).

Hermann Pálsson / Magnus Magnusson: The Vinland Sagas, Harmondsworth 1965.

Alle anderen Übersetzungen sind durchweg weniger empfehlenswert, da sie entweder kürzen, ungenau oder unvollständig übersetzen oder eigentümliche Theorien vertreten:

August Kromayer: Die Winlandsagas: die Erzählungen von der Entdeckung Nordamerikas durch die Normannen im Jahre 1000, Halle a. S. 1909.

Erich von Mendelssohn: Grönländer- und Färingergeschichten, Jena 1912 (= Thule 13).

Arthur Hruby: Wikinger in Amerika, Wien 1928.

Felix Niedner: Grönländer- und Färingergeschichten, Jena 1929, 2. Aufl. 1965 (= Thule 13).

Theodor Steche: Wikinger entdecken Amerika, Hamburg 1934 (= Bauern und Helden 10).

Keneva Kunz / Gisli Sigurdsson: The Vinland Sagas, Harmondsworth 2008.

Tina Flecken: Die Vinlandsagas. In: Klaus Böldl u.a. (Hrsg.): Isländersagas 4. Frankfurt 2011, 499–568.

Forschungsliteratur

Barnes, Geraldine: The drama of faith west of Iceland, in: Rudolf Simek / Judith Meurer (Hrsg.): Scandinavian and Christian Europe in the Middle Ages. Papers of the 12th International Saga Conference Bonn/Germany, 28th July–2nd August 2003, Bonn 2003, 20–25.

Barnes, Geraldine: Viking America. The First Millennium, D.S. Brewer, Cambridge 2001.

Baumgartner, Walter: Freydis in Vinland oder die Vertreibung aus dem Paradies, in: skandinavistik 23 (1993),16–35.

Baumgartner, Walter: The Grœnlendinga Saga Interpreted as Medieval Fiction, in: Peter Easingwood, Konrad Groß (Hrsg.), Informal Empire? Cultural Relations Between Canada, The United States and Europe, Kiel 1998, 389–400.

Beck, Heinrich: Skandinavische Landnahme im atlantischen Bereich aus literaturgeschichtlicher Sicht, in: Michael Müller-Wille u. a. (Hrsg.): Ausgewählte Probleme europäischer Landnahme des Früh- und Hochmittelalters. Methodische Grundlagendiskussion im Grenzbereich zwischen Archäologie und Geschichte (= Vorträge und Forschungen. Bd. 41, 2), Band 2. Sigmaringen 1994, 197–211.

Bergerson, Robert: Vinland Bibliography. Writings relating to the Norse in Greenland and America (= Ravnetrykk 10) Tromsø 1997.

Björn Sigfusson: Grœnlendinga saga. In: Kulturhistorisk leksikon for nordisk middelalder fra vikingetid til reformationstid 5, Kopenhagen 1960, Sp. 523.

Bjørnbo, Axel Anthon / Carl S. Petersen: Der Däne Claudius Claussøn Swart (Claudius Clavus). Der älteste Kartograph des Nordens, der erste Ptolemäus-Epigon der Renaissance, Innsbruck 1909.

Brown, Katharine L. / Robin J.H. Clark: Analysis of Pigmentary Material on the Vinland Map and Tartar Relation by Roman Microprobe Spectroscopy, in: Analytical Chemistry 74, No. 15 (2002), 3658–61.

Clark, Robin J.H.: The Vinland Map – Still a 20th Century Forgery, in: Analytical Chemistry 76, No. 8 (2004), 2423.

Clausen, Birthe L. (Hg.): Viking Voyages to North America, Roskilde 1993.

Donahue, D.J. u.a.: Determination of the Radiocarbon Age of the Vinland Map, in: Radiocarbon 44, No. 1, 2002, 45–52.

Dreyer-Eimbcke, Oswald: Island, Grönland und das nördliche Eismeer im Bild der Kartographie seit dem 10. Jahrhundert. Wiesbaden 1987 (= Mitteilungen der geographischen Gesellschaft in Hamburg 77).

Ebel, Else: Fiktion und Realität in den Vínlandsagas, in: Studien zum Altgermanischen. Festschrift für Heinrich Beck, hrsg. von Heiko Uecker, Berlin/New York 1994, 89–100.

Ebel, Else: Grænlendinga saga, in: Reallexikon der Germanischen Altertumskunde 13. 2., völlig neu bearbeitete und stark erweiterte Auflage, Berlin/New York 1999, 71–73.

Findeisen, Jörg-Peter: Vinland. Die Entdeckungsfahrten der Wikinger von Island nach Grönland und Amerika. Erik der Rote, Bjarni Herjulfsson, Leif Eriksson und Thorfinn Karlssefni, Kiel 2011.

Fitzhugh, William W. / Ward, Elisabeth I. (Hrsg.): Vikings. The North Atlantic Saga, Washington 2000.

Fløttum, Sivert: The Norse Vika Sjovar and the Nautical Mile, in: The Mariner's Mirror 87 (2001), 189–190.

Forte, Angelo / Oram, Richard / Pedersen, Frederik: Viking Empires, Cambridge u.a. 2005.

Frakes, Jerold C.: Vikings, Vinland, and the Discourse of Eurocentrism, in: Journal for English and Germanic Philology 100 (2001), 157–199.

Gísli Sigurðsson: The Quest for Vinland in Saga Scholarship, in: William W. Fitzhugh / Elisabeth I. Ward (Hrsg.): Vikings. The North Atlantic Saga, Washington 2000, 232–237.

Graeme, Davis: Vikings in America, 2011. (Elektr. Ressource)

Graham, Rex: An Inky Controversy Lives, in: Analytical Chemistry 76, No. 21 (2004), 407–412.

Hagland, Jan Ragnar / Steinar Supphellen (Hrsg.): Leiv Eriksson, Helge Ingstad og Vinland. Kjelder og tradisjonar. (= Det kongelige Norske videnskabets selskabs skrifter), Trondheim 2001

Halldór Hermannsson: The Problem of Wineland, Ithaca/New York 1936 (= Islandica 25).

Hansen, Keld: True or false – fake traces of the Vikings in America, in: Birthe L. Clausen (Hg.): Viking Voyages to North America, Roskilde 1993, 83–89.

Henchman, Michael: On the Absence of Evidence that the Vinland Map is Medieval, in: Analytical Chemistry 76/9 (2004), 2674.

Hermann Pálsson: Landafundurinn árið 1285. In: Saga 4 (1964), 53–69.

Hermann Pálsson: Hvítramannaland. In: Tímarit Máls ok menningar 21 (1960),48–54.

Hermann Pálsson: Vínlandið góða og írskar ritningar, Reykjavík 2001.

Ingi Sigurðsson / Jón Skatpason (Hrsg.): Aspects of Arctic and Sub-Arctic History: Proceedings of the International Congress on the History of the Arctic and Sub-Arctic Region, Reykjavík, 18–21. June 1998, Reykjavík 2000.

Ingstad, Anne Stine: The Discovery of North America. Volume One. Excavations of a Norse Settlement at L'Anse aux Meadows, Newfoundland 1961–1968, Oslo etc. 1985.

Ingstad, Helge: Ruinen auf Vinland: Wikinger entdecken die Neue Welt, in: National Geographic, November 1984. Nachdruck in: Die Große National Geographic Bibliothek. Band 3: 1961–1980, Hamburg 2002, 48–74.

Ingstad, Helge: Westwards to Vinland. The Discovery of Pre-Columbian Norse House-sites in North America, London 1969.

Ingstad, Helge: The Norse Discovery of America. Volume Two. The Historical Background and the Evidence of the Norse Settlement Discovered in Newfoundland, Oslo etc. 1985.

Ingstad, Helge & Anne Stine: The Viking Discovery of America. The Excavations of Norse Settlement in L'Anse aux Meadows, Newfoundland, New York 2001.

Jakobsson, Sverrir: Vinland and Wishful Thinking. Medieval and Modern Fantasies, in: Canadian Journal of History 47/3 (2012) 493–514.

Jansson, Sven B.F. (Hg.): Sagorna im Vinland. Handskrifterna till Eirík den Rodes Saga, Stockholm 1945.

Jónas Kristjánsson: The first Settler of the New World. The Vinland Expedition of Thorfinn Karlsefni, Reykjavík 2005.

Jónas Kristjánsson u.a.: Falling Into Vínland. Newfoundland Hunting Pittfalls At The Edge Of The Viking World, in: Acta Archeologica 83 (2012), 145–177.

Jones, Gwyn: The Norse Atlantic Saga. Being the Norse Voyages of Discovery and Settlement to Iceland, Greenland, and North America, Oxford etc. 1986.

Jones, Gwyn: A History of the Vikings, New York/Toronto 1968.

Langenberg, Inge: Die Vinlandfahrten. Die Entdeckung Amerikas von Erik dem Roten bis Kolumbus (1000–1492), Köln/Wien 1977.

Larsen, René / Dorte V. Poulsen / Marie Vest: Report on the Assessment and Survey of the Condition and Technique of the Vinland Map and the Bindings of the Tartar Relation and Speculum Historiale. Kopenhagen 2005.

Larsson, Mats G.: The Vinland Sagas and Nova Scotia: A Reappraisal of an Old Theory, in: Scandinavian Studies 64 (1992), 305–35.

Ders.: Vinland det goda. Nordbornas färder till Amerika under Vikingatiden, Stockholm 1999.

Lindh, Knut: Wikinger. Die Entdecker Amerikas, München/Zürich 2002.

Livingston, Michael: More Vinland Maps and Texts. Discovering the New World in Higden's Polychronicon, in: Journal of Medieval History 30 (2004), 25–44.

Ludwig, K.R.: Comment On ‹Determination Of The Radiocarbon Age Of Parchment of The Vinland Map›, in: Radiocarbon 44 (2002), 597–98.

Magnus Stefánsson: Vínland or Vinland? in: Scandinavian Journal of History 23 (1998), 139–152.

Marcus, G.J.: The Conquest of the North Atlantic, Woodbridge 1980.

Nansen, Fridtjof: In Northern Mists. Arctic Exploration in Early Times, transl. by Arthur G. Chater, New York 1911.

Næss, Almar: Hvor lå Vinland? En studie over solobservasjoner i de norrøne sagaer, Oslo 1954.

Olin, Jacqueline S.: Evidence that the Vinland Map is Medieval, in: Analytical Chemistry 75, No. 23 (2003), 6745–6747.

Páll Bergþorsson: The Wineland Millennium. Saga and Evidence, Reykjavík 2000.

Rafn, Carl Christian: Antiquitates Americanae sive Scriptores septentrionales rerum ante-Columbianarum in America. Kopenhagen 1837.

Sayers, William: Karlsefni's «húsasnotra». The Divestment of Vinland, Scandinavian Studies 75 (2003), 342–350.

Scafi, Alessandro: Mapping Paradise. A History of Heaven on Earth, London 2006.

Seaver, Kirsten A.: The Frozen Echo. Greenland and the Exploration of North America, ca. A.D. 1000–1500, Stanford, Ca 1996, Nachdruck 1997.

Seaver, Kirsten A.: Maps, Myths and Men. The Story of the Vinland Map, Stanford 1996.

Seaver, Kirsten A.: The last Vikings: The epic Story of the great Norse Voyages, London/New York 2010.

Seaver, Kirsten A.: Mit Kurs auf Thule. Die Entdeckungsreisen der Wikinger, Stuttgart 2011.

Simek, Rudolf: Altnordische Kosmographie. Studien und Quellen zu Weltbild und Weltbeschreibung in Norwegen und Island vom 12. bis zum 14. Jahr-

hundert, Berlin/New York 1990 (= Ergänzungsbände zum Reallexikon der Germanischen Altertumskunde 4).
Simek, Rudolf: Monster im Mittelalter. Köln / Wien 2015.
Simek, Rudolf: Die Schiffe der Wikinger, Stuttgart 2014.
Simek, Rudolf: Die Wikinger, 6. Aufl., München 2015.
Simek, Rudolf / Manuela Klein (Hrsg.): Johannes von Gmunden zwischen Astronomie und Astrologie, Wien 2012 (= Studia Medievalia Septentrionalia 22).
Skelton, Raleigh A. / Thomas E. Marston / George D. Painter: The Vinland map and the Tartar Relation, New Haven and London 1965, 2nd edition, New Haven 1995.
Springer, Karri L.: The Facts and Fiction of Vikings in America, in: Nebraska Anthropologist 15, Paper 124, (1999), 62–68.
Sutherland, Patricia D. / Robert McGhee: Strands of Culture Contact. Dorset-Norse Interactions in the Eastern Canadia Arctic, in: Martin Appelt u.a. (Hrsg.): Identities and Cultural Contacts in the Arctic. Proceedings from a Conference at the Danish National Museum, Copenhagen, Nov. 30th–Dec. 2nd 1999 (= Danish Polar Center Publications 8), Copenhagen 2000, 159–169.
Sutherland, Patricia D. u.a.: Evidence of Early Metalworking in Arctic Canada, in: Geoarchaeology: An International Journal 30 (2015), 74–78.
Tompsen, Lyle: An Archaeologist Examines Oklahoma Rune Stones. In: The Epigraphic Society Occasional Papers 29 (2011), 5–43.
Þorsteinn Vilhjalmsson: Old Norse Navigation: An Overview, in: Ingi Sigurðsson / Jón Skatpason (Hrsg.): Aspects of Arctic and Sub-Arctic History: Proceedings of the International Congress on the History of the Arctic and Sub-Arctic Region, Reykjavík, 18–21. June 1998, Reykjavík 2000, 362–73.
Towe, Kenneth M.: The Vinland Map Ink is NOT Medieval, in: Analytical Chemistry 73, No. 3 (2004), 863–865.
Wahlgren, Eirík: The Vikings and America, London 1986, Nachdruck 2000.
Wallace, Birgitta: The Norse in Newfoundland. L'Anse aux Meadows, in: Newfoundland and Labrador Studies 19/1: The New Early Modern Newfoundland: Part 2 (2003), 5–43.
Wallace, Birgitta: L'Anse aux Meadows, Leif Eriksson's Home in Vinland, in: Journal of the North Atlantic 2 (2009), 114–125.
Wallace, Birgitta Linderoth: L'Anse Aux Meadows, the western outpost, in: Birthe L. Clausen (Hg.): Viking Voyages to North America, Roskilde 1993, 30–42.
Wallace, Birgitta Linderoth: The Vikings in North America. Myth and Reality, in: Ross Samson (Ed.): Social Approaches to Viking Studies, Glasgow 1991, 207–220.
Wallace, Birgitta Linderoth: Westwards Vikings: the Saga of L'Anse aux Meadows, St. Johns 2006.

Wallace, Birgitta Linderoth: The Viking Settlement at L'Anse aux Meadows, in: William W. Fitzhugh / Elisabeth I. Ward (Hrsg.): Vikings. The North Atlantic Saga, Washington 2000, 208–216.

Washburn, Wilcomb E. (Hrsg.): Proceedings of the Vinland Map Conference, Chicago 1971.

Wawn, Andrew/ Þorunn Sigurðardóttir (Hrsg.): Approaches to Vinland (= Sigurdur Nordal Institute Studies 4), Reykjavík 2001.

Williamsen, E.A.: Boundaries of Differences in the Vinland Sagas, in: Scandinavian Studies 77 (2005), S. 451–78.

Yates, Anna: Leifur Eiriksson and Vinland the Good. How intrepid Nordic Seafarers discovered the New World a thousand Years ago, Reykjavík 1993.

Internetquellen

http://www.pc.gc.ca/eng/lhn-nhs/nl/meadows/index.aspx, zuletzt aufgerufen am 01.02.16. (Internetauftritt von L'Anse aux Meadows, Parcs Canada)

http://commons.wikimedia.org/wiki/Category:Norse_colonization_of_the_Americas?uselang=de, zuletzt aufgerufen am 01.02.16.

http://www.kb.dk/permalink/2006/manus/678/eng, zuletzt aufgerufen am 01.02.16. (Biørn Jonsen of Skarsaa: Description of Greenland and the Skálholt Map)

http://www.mnh.si.edu/vikings/start.html, zuletzt aufgerufen am 01.02.16. (Seite der Ausstellung im Smithsonian Institute)

http://www.nfb.ca/film/vinland_mystery, zuletzt aufgerufen am 01.02.16. (30-minütiges Interview mit Helge und Anne Stine Ingstad)

http://aassc.com/category/journal/, zuletzt aufgerufen am 01.02.16. (Homepage von Association of the Advancement of Scandinavian Studies in Canada)

http://www.scancan.net/contents.htm?type=article, zuletzt aufgerufen am 01.02.16. (Journal der AASSC)

http://www.canadianmysteries.ca/sites/vinland/home/indexen.html, zuletzt aufgerufen am 01.02.16. (Homepage unter anderem ins Leben gerufen und betreut von Birgitta Wallace)

http://www.raunvis.hi.is/~thv/Nav_&_Viinl.htm, zuletzt aufgerufen am 01.02.16. (Þorsteinn Vilhjalmsson: Time and Travel in Old Norse Society, in: Disputatio, II: 89–114, 1997.)

Nachweis der Abbildungen und Karten

S. 15: © ullstein bild – TopFoto
S. 17: Zeichnungen © Christine Hemm, Frankfurt am Main
S. 57, 91, 103: Archiv des Autors
S. 77: Zeichnung © Peter Palm, Berlin
S. 79: Photo: Autor
S. 95: Wikimedia Commons / www.polona.pl
S. 100: Bibliothéque municipale de Nancy, Ms. 144
S. 102: Bayerische Staatsbibliothek, Abteilung für Handschriften und Alte Drucke, München
S. 104: © Interfoto / Sammlung Rauch
S. 105: http://islandskort.is/en/map/show/38
S. 125: © Interfoto / Rolf Hicker
S. 131: http://www.theclio.com/web/browse?search=newport+tower
S. 135: © akg-images
Karten auf S. 23, 39, 41, 97, 107, 121, 123: © Peter Palm, Berlin

Personenregister

Register der geographischen Begriffe